Gisela Lück

Was blubbert da im Wasserglas?

Kinder entdecken Naturphänomene

Gisela Lück

Was blubbert da im Wasserglas

Kinder entdecken Naturphänomene

HERDER

FREIBURG · BASEL · WIEN

In diesem Praxisbuch werden eine Reihe von Hintergrundinformationen und Praxisideen kompakt dargestellt, die in ausführlicher Weise schon im *Handbuch der naturwissenschaftlichen Bildung* (Verlag Herder, Freiburg 2003) beschrieben sind. Diese Texte sind zum fundierten Verständnis einer frühen, naturwissenschaftlichen Bildungspraxis unentbehrlich.

Gedruckt auf umweltfreundlichem, chlorfrei gebleichtem Papier
Umschlaggestaltung: R · M · E Roland Eschlbeck/Rosemarie Kreuzer
Umschlagfoto: Hartmut W. Schmidt, Freiburg
Fotos im Innenteil: S. 26 Sonja Krahn, S. 50, 51 Sonja Schekatz,
alle übrigen Fotos: Gisela Lück
Illustrationen: Yo Rühmer, Frankfurt

www.herder.de
Konzept und Layout: Reckels und Schneider-Reckels, Wiesbaden
Gesamtherstellung: fgb · freiburger graphische betriebe 2006
www.fgb.de
ISBN-13: 978-3-451-28925-5
ISBN-10: 3-451-28925-3

Inhalt

1. Einleitung

In den letzten Jahren hat sich gerade im Kindergartenbereich viel bewegt – insbesondere was die Bildungsziele der Frühpädagogik betrifft. In zahlreichen Bildungsplänen der verschiedenen Bundesländer ist auch der Bildungsbereich ‚Natur' inzwischen fest verankert. Damit wird zum einen dem Interesse der Kinder, ihrem natürlichen Forscherdrang, Rechnung getragen, zum anderen wird damit berücksichtigt, dass gerade das Kindergartenalter die wohl beste Zeit ist, Grundlagen für einen ersten Zugang zur Welt der Naturphänomene und ihren Deutungen zu legen. Nicht zuletzt bereitet eine frühzeitige Heranführung an Naturphänomene die Kinder auf die Erfordernisse vor, mit denen sie in ihrem Leben konfrontiert werden – sei es in der Arbeitswelt, als Konsument oder als Kritiker neuer naturwissenschaftlicher Innovationen.

Kinder im Kindergartenalter sind aufmerksame und gründliche Naturforscher. Da gibt es kaum ein Naturphänomen in ihrem Umfeld, das nicht ihre Aufmerksamkeit weckt. Intensiv wird beobachtet, wie Eis oder Schnee zu Wasser schmelzen, wie sich Stoffe in Wasser lösen und wie sich eine Ameise über den Boden fortbewegt. Wenn sich dann noch die Gelegenheit zu einem Experiment bietet, sind sie nicht mehr zu bremsen – egal, ob dabei ein Phänomen aus der Welt der Biologie oder aus der Physik und Chemie im Mittelpunkt steht. Kinder sind gegenüber allen Naturphänomenen unvoreingenommen und offen – und vor allem äußerst interessiert, wenn es um die *Deutung* der Naturphänomene geht. Unermüdlich werden daher die uns vertrauten Warum-Fragen zur Natur gestellt: „Woher kommt der Regen?", „Wo bleibt der Zucker, wenn wir ihn in den Tee rühren?", „Woher kommen die Farben?"

Bei uns Erwachsenen hat sich in der Regel die Einstellung zu den Naturphänomenen geändert und viele von uns haben ein gespaltenes Verhältnis zu den Naturwissenschaften: Was die *Biologie* betrifft, so sind die meisten von uns ihr gegenüber positiv eingestellt, haben Gefallen an der Flora und Fauna und bewerten biologische Vorgänge in der Regel mit Begriffen wie *gesund*, *gut* oder *nützlich*.

Anders sieht es mit den naturwissenschaftlichen Disziplinen *Chemie* und *Physik* aus. Auch wenn von diesen Themenfeldern oft eine Faszination ausgeht, so lehnen viele von uns es dennoch ab, sich intensiv mit ihnen zu befassen. Die meisten haben die Unterrichtsfächer Chemie und Physik eher in schlechter Erinnerung: Das Aufstellen von Reaktionsgleichungen, das Lernen von Begriffsdefinitionen oder die Auseinandersetzung mit Phänomenen, zu denen wir mit unserem Leben und Alltag keine Verbindung herstellen konnten, haben ein nahezu unverrückbar negatives Bild von Chemie und Physik geprägt. Vor allem hatten wir in unserem Chemie- und Physikunterricht nur selten die Möglichkeit, selbst ein Experiment durchzuführen. Das geschah alles am Lehrerpult – wenn überhaupt.

Es ist daher nicht überraschend, dass wir der Physik und der Chemie, also den naturwissenschaftlichen Disziplinen, die sich mit der unbelebten Natur befassen, eher negativ gegenüberstehen. Nicht nur dass wir Chemie und Physik als sehr schwierig einordnen, wir begegnen ihnen auch mit Vorurteilen: Chemie ist gefährlich, ungesund und umweltbelastend, Physik ist zu abstrakt, zu mathematisch und zu wenig lebensnah. Verständlich, wenn wir daher bislang auch die Themen der unbelebten Natur vom Kindergarten fern gehalten und die Kinder stattdessen an biologische Themen herangeführt haben.

Mit dieser Eingrenzung auf biologische Naturphänomene werden wir dem umfassenden Forscherdrang der Kinder aber nicht gerecht. Es sind allein unsere eigenen Lernerfahrungen, die bislang zu dieser Vorauswahl geführt haben. Wären wir in unserer frühen Kindheit bereits liebevoll an Naturphänomene herangeführt worden, würde es uns heute deutlich leichter fallen, Themen der unbelebten Natur an Kinder weiter zu vermitteln. Damit bei der nächsten Generation nicht die gleichen Ressentiments entstehen, müssen wir nun den Kreislauf durchbrechen!

Das vorliegende Buch soll es Ihnen erleichtern, erneut einen Zugang zur Welt der unbelebten Natur zu finden, den sie an Kindergartenkinder weitergeben können. Ein großer Teil dieses Buchs behandelt Wege zur praktischen Umsetzung naturwissenschaftlicher Bildungsarbeit im Kindergarten. Fragen zur Raumgestaltung und Gruppengröße werden genauso berücksichtigt, wie die Experimente und ihre naturwissenschaftlichen Deutungen, die sich für Kinder im Kindergarten eignen.

2. Naturwissenschaftliche Bildung in Kindergärten

2.1 Gab es das nicht alles schon einmal?

Eigentlich ist die Idee einer frühzeitigen Heranführung der Kindergartenkinder an Naturphänomene der unbelebten Natur gar nicht so ganz neu: Bereits in den siebziger Jahren des letzten Jahrhunderts hatten die Bildungsplaner das ehrgeizige Projekt, schon jüngere Kinder in die Welt der Naturwissenschaft einzuführen. Grund war der so genannte Sputnikschock, der die westlichen Industrienationen befiel, nachdem es der damaligen Sowjetunion gelungen war, die ersten erfolgreichen Weltraumerkundungen durchzuführen.

Offensichtlich hat man sich damals allerdings zu wenig an den Interessen und Bedürfnissen der Kinder orientiert: Schon nach wenigen Jahren zeigte sich, dass die ‚Verordnung' naturwissenschaftlicher Inhalte nicht ankam – weder bei den Kindern noch bei den Pädagogen. Anstelle einer Frühförderung entwickelten sich Desinteresse oder gar Ablehnung, die z. T. bis heute andauern. Obwohl sicherlich auch schon damals Kinder Warum-Fragen an die Natur stellten und genaue Beobachter waren, scheiterte das ehrgeizige Projekt sowohl in Kindergärten als auch in der Grundschule, weil das ‚Wie', die Heranführung an die Phänomene der Natur, didaktisch äußerst korrekturbedürftig war: zu wenig Experimente, zu theorielastig, zu wenig Gelegenheiten für die Kinder, im eigenen Rhythmus ihren Fragen nachzugehen.

Auf eine wesentlich längere und erfolgreiche Tradition der Heranführung an Naturphänomene können Montessori-Kindergärten zurückblicken. Hier haben Naturerfahrungen im Rahmen der ‚kosmischen Erziehung' schon seit langem ihren festen Platz (Montessori 2004, S. 52). Auch die Reggio-Pädagogik räumt der Naturerfahrung der Kinder einen hohen Stellenwert ein (Lingenauber 2004).

Zudem gibt es zahlreiche Kindergarteneinrichtungen, die ohnehin – unabhängig von Bildungsplänen – schon immer mit den Kindern Experimente zur unbelebten Natur durchgeführt haben und mit ihnen gemeinsam

den Phänomenen auf den Grund gegangen sind: *Warum* löst sich Zucker in Wasser, ein Stein aber nicht? *Warum* schwimmt Eis auf dem Wasser? *Warum* mischen sich Öl und Wasser nicht?
Zählt eigentlich die frühe Heranführung an Naturphänomene schon zur Bildungsvermittlung? Warum sollten Kinder überhaupt so früh an naturwissenschaftliche Bildung herangeführt werden? Schließlich kamen Generationen vor uns auch ohne naturwissenschaftliche Bildung aus! Und schließlich – wie wird in Deutschland aktuell die Frage der frühen naturwissenschaftlichen Bildung behandelt? Diese Themen werden in den folgenden Ausführungen behandelt.

2.2 Warum überhaupt so früh naturwissenschaftliche Bildung?

Allgemein gilt es als unbestritten, dass geisteswissenschaftliche Kenntnisse, sei es über Philosophie, Literatur oder Geschichte, zur Bildung gehören. Einen Menschen, der bei diesen Themen ‚mitreden' kann, würden wir ohne zu zögern als gebildet bezeichnen, auch wenn er von Chemie und Physik keine Ahnung hat. Wenn jedoch jemand die Elemente des Periodensystems aufzuzählen vermag, mit der Nachweisreaktion von Zucker oder Eiweiß vertraut ist oder erklären kann, warum es nachts dunkel ist, so würden wir diesen Menschen nicht unbedingt als gebildet wahrnehmen. Bei naturwissenschaftlicher Kompetenz wird eher von Wissen gesprochen. Dies überrascht angesichts der Tatsache, dass in Deutschland seit dem Beginn der modernen Naturwissenschaften vor rund 250 Jahren eine Vielzahl von naturwissenschaftlichen Entdeckungen gemacht wurden, im deutschen Nationalmythos aber nur vom Volk der ‚Dichter und Denker' gesprochen wird. Die ‚Forscher und Tüftler', die den Weg für volkswirtschaftlichen Wohlstand und zivilisatorischen Komfort geebnet haben, bleiben hingegen außen vor.
Dass die Naturwissenschaften es in ihrer Anerkennung als Bildungsgüter so schwer haben, hat sicherlich auch mit der Selbstdarstellung dieser Disziplinen zu tun, bei der aufgrund der Vermittlung von Einzelfakten nur selten die breite Öffentlichkeit erreicht wird und diese allenfalls bei Bekanntgabe

der Nobelpreisträger an der ‚Heldenverehrung' teilhaben kann. Tatsächlich können aber gerade die Naturwissenschaften neben diesem Einzelfaktenwissen viele Erkenntnisse im Hinblick auf Vernetzung und Zusammenhänge hervorbringen, die uns eine tiefere und differenzierte Einsicht in die Prozesse unserer Umwelt vermitteln. Sie helfen uns, selbstverantwortlich und eigeninitiativ an der Gestaltung unserer zukünftigen Lebensbedingungen teilzuhaben und lassen uns erfahren, wie wir unsere Umwelt nutzen können und wann wir sie schützen müssen. Nun ist der Bildungsbegriff, seitdem Wilhelm von Humboldt ihn vor circa 200 Jahren prägte, mit sehr vielen widersprüchlichen Inhalten belegt worden. Hier sei deshalb nur ein Aspekt in Bezug auf unser Thema herausgehoben: Naturwissenschaftliche Grundkenntnisse stellen eine der wesentlichen Kompetenzen für eine Teilhabe an unserer Gesellschaft dar und eröffnen neben beruflichen Perspektiven vor allem auch den Weg zu einer eigenständigen Meinungsbildung in Bezug auf technische bzw. naturwissenschaftliche Entwicklungen.

Warum aber sollte naturwissenschaftliche Bildung Bestandteil der Elementarpädagogik sein? Zu den Kernaufgaben des Elementarbereichs zählen nach dem Sozialbundesgesetzbuch VIII die drei Säulen Bildung, Erziehung und Wissensvermittlung. Gerade dem Bildungsaspekt kommt in den letzten Jahren eine zunehmend größere Rolle zu. So heißt es etwa in der Empfehlung des Forum Bildung: „Weichen für Bildungschancen und damit für Lebenschancen werden bereits früh gestellt. Insbesondere die Motivation und die Fähigkeit zu kontinuierlichem und selbstgesteuertem Lernen sind früh zu wecken. Neben dem wichtigen Lernen in der Familie sind die Möglichkeiten der Kindertageseinrichtungen zur Unterstützung früher Bildungsprozesse deutlich besser zu nutzen" (Arbeitsstab Forum Bildung 2001, S. 9).

Die Schlüsselqualifikationen, die durch Bildung vermittelt werden, sind in einem langen Katalog durch die Bund-Länder-Kommission zusammengefasst, von denen hier nur drei hervorgehoben werden sollen:

- *System- und Problemlöseorientierung:* Darunter wird das Verstehen komplexer Situationen sowie die Fähigkeit zum Perspektivwechsel zusammengefasst. Ebenso zählen dazu die Urteilsfähigkeit, zukunftsgerichtetes Denken, Fantasie, Kreativität, Forschungsgeist u.a.m.

- *Situations-, Handlungs- und Partizipationsorientierung:* Sie sollen u.a. zur Entscheidungsfähigkeit beitragen, Mitbestimmung ermöglichen und Handlungskompetenzen fördern.
- *Ganzheitlichkeit:* Sie umfasst u.a. eine möglichst umfassende Wahrnehmungs- und Erfahrungsfähigkeit (vgl. Bund-Länder-Kommission für Bildungsplanung und Forschungsförderung 1998).

Dass naturwissenschaftliche Bildung einen Beitrag zu diesen genannten Schlüsselqualifikationen leisten kann, liegt auf der Hand. Mehr noch: Naturwissenschaftliche Erfahrungen und insbesondere die Deutung naturwissenschaftlicher Phänomene bieten sich geradewegs dazu an, Qualifikationen wie Problemlöseorientierung und Ganzheitlichkeit zu erwerben.
Wenn man Bildung nicht mit Bildungszielen gleichsetzt, sondern sie als Aktivität versteht, die vom Kind ausgeht, so ist Bildung in diesem Sinne ‚Aneignung von Welt' und d.h. Selbstbildung. Diesen Selbstbildungsprozess zu fördern und zu unterstützen ist eine wichtige Aufgabe im Bereich der Elementarpädagogik (vgl. hierzu Laewen, Andres 2002; Schäfer 1995).
Auch aus diesem Blickwinkel des Bildungsbegriffs kommt der naturwissenschaftlichen Bildung im Vorschulbereich ein fester Platz zu, bedenkt man einmal, mit welchem Eigenantrieb und Interesse Kinder Antworten auf Fragen zu Naturphänomenen geradezu ‚einklagen'.
Es ist daher sehr zu begrüßen, dass seit Herbst 2005 alle Bundesländer in Deutschland Bildungsvereinbarungen getroffen haben, in denen auch die naturwissenschaftliche Bildung ihren festen Platz hat!

2.3 Bildungspläne mit naturwissenschaftlichen Inhalten

Auch wenn wir selbst keinen leichten Zugang zum Verständnis naturwissenschaftlicher Inhalte erfahren haben – sämtliche heutigen Bildungspläne sehen in allen Bundesländern die Auseinandersetzung mit der belebten und unbelebten Natur vor. Die Tabelle (Tab. 1) gibt einen Überblick über alle Bildungspläne, und zeigt, in welchem Kontext der Bildungsbereich ‚Natur' bzw. ‚naturwissenschaftliche Grunderfahrung' fest verankert ist.

Bundesland	Stand	Titel	Themen zur unbelebten Natur
Baden-Württemberg	Mai 2005	Orientierungsplan für Bildung und Erziehung in Tageseinrichtungen für Kinder in Baden-Württemberg	Bildungsbereich: Natur, Technik, Mathematik (S. 22-27)
Bayern	Oktober 2003, überarb. 2006	Der Bayerische Bildungs- und Erziehungsplan für Kinder in Tageseinrichtungen bis zur Einschulung	Themenbezogene Förderschwerpunkte: Naturwissenschaftliche und technische Bildung (S. 177-192)
Berlin	September 2004	Berliner Bildungsprogramm	Bildungsbereich: Naturwissenschaftliche und technische Grunderfahrung (S. 99-107)
Brandenburg	Juni 2004	Grundsätze elementarer Bildung in Einrichtungen der Kindertagesbetreuung im Land Brandenburg	Bildungsbereich: Mathematik und Naturwissenschaft (S. 18-21)
Bremen	Februar 2004	Rahmenplan für Bildung und Erziehung im Elementarbereich	Bildungsbereich: Natur, Umwelt und Technik (S. 23-24)
Hamburg	September 2005	Hamburger Bildungsempfehlungen für die Bildung und Erziehung von Kindern in Tageseinrichtungen	Bildungsbereich: Naturwissenschaftliche und technische Grunderfahrung (S. 78-85)
Hessen	März 2005	Bildung von Anfang an – Bildungs- und Erziehungsplan für Kinder von 0 bis 10 Jahren	Bereich: Kinder als aktive Lerner, Forscher und Entdecker (Mathematik, Naturwissenschaft, Technik) (S. 66-69)
Mecklenburg-Vorpommern	August 2004	Rahmenplan für die zielgerichtete Vorbereitung von Kindern in Kindertageseinrichtungen auf die Schule	Bildungs- und Erziehungsbereich: Gemeinschaft – Natur – Sachen (S. 36-45)

Tabelle 1: Übersicht über Bildungspläne im Elementarbereich, die den Bildungsbereich ‚Natur' bzw. ‚Naturwissenschaftliche Grunderfahrung' berücksichtigen.

Bundesland	Stand	Titel	Themen zur unbelebten Natur
Nieder-sachsen	Januar 2005	Orientierungsplan für Bildung und Erziehung im Elementarbereich nieder-sächsischer Tageseinrichtungen für Kinder	Lernbereich 8: Natur und Lebenswelt (S. 28-29)
Nordrhein-Westfalen	August 2003	Fundament stärken und erfolgreich starten	Bildungsbereich: Natur und kulturelle Umwelt(en) (S. 20-22)
Rheinland-Pfalz	August 2004	Bildungs- und Erziehungsempfehlungen für Kindertagesstätten in Rheinland-Pfalz	Bildungs- und Erziehungsbereich: Mathematik – Naturwissenschaft – Technik (S. 57-60)
Saarland	August 2004	Bildungsprogramm für saarländische Kindergärten	Bildungsbereich 7: Naturwissenschaftliche und technische Grunderfahrung (S. 91-97)
Sachsen	Februar 2005	Der sächsische Bildungsplan – ein Leitfaden für pädagogische Fachkräfte in Kinderkrippen und Kindergärten	Bildungsbereich 2.5: Naturwissenschaftliche Bildung (S. 91-102)
Sachsen-Anhalt	Januar 2004	Bildung als Programm	Bildungsbereich: Welterkundung und natur-wissenschaftliche Grunderfahrung (S. 77-81)
Schleswig-Holstein	September 2004	Erfolgreich starten – Leitlinien zum Bildungsauftrag von Kinder-tageseinrichtungen	Bildungsbereich: Mathematik, Naturwissenschaft und Technik (S. 20-21)
Thüringen	Oktober 2003	Leitlinien frühkindlicher Bildung	Spielen, Gestalten und Experimentieren (S. 11/12)

Was die Konkretisierung dieses Bildungsbereichs Natur betrifft, so differieren die einzelnen Bildungspläne von Bundesland zu Bundesland sehr stark voneinander. Manche gehen sehr instruktiv vor und beschreiben die einzelnen durchzuführenden Experimente recht detailliert. Hier ist etwa der Bayrische Bildungsplan zu nennen, in dem auf über 12 Seiten allein zum Themenfeld unbelebte Natur sieben Experimente konkret beschrieben werden. Dazu zählen

- Eigenschaften von Stoffen benennen (Konsistenz und Dichte, spezifische Erscheinungsformen und deren Entstehung)
- Stoffe mischen
- Größen-, Längen-, Gewichts-, Temperatur- und Zeitmessungen
- Physikalische Gesetzmäßigkeiten (z. B. Schwerkraft)
- Als übergeordnete Themenbereiche werden genannt: Luft und Gase; Wasser und Flüssigkeiten, heiß und kalt; Licht und Schatten; Farben; Schall; Töne und Musik; Magnetismus; Elektrizität; Kräfte und Technik; unsere Erde.

Ähnlich konkrete und detaillierte Beschreibungen enthält auch der Hessische Bildungsplan, der über den Elementarbereich hinaus auch die Grundschulzeit mit berücksichtigt. Auch die Bildungspläne des Saarlands oder Sachsens widmen dem Bildungsbereich Natur mehrere Seiten.
Die Absicht hinter diesen ausformulierten Themenvorschlägen liegt auf der Hand: Gerade wegen der Verunsicherung derjenigen Pädagogen im Kindergartenbereich, deren Ausbildung und beruflichen Erfahrungen nur wenig Zugang zum naturwissenschaftlichen Arbeiten geboten haben, sollen die konkreten Themenfelder der Orientierung dienen. Häufig werden sie aber auch als zu instruktiv, zu wenig an den Entdeckerfreuden des Kindes orientiert, angesehen.
Andere Bundesländer – so z. B. NRW – geben daher weniger Orientierungshilfen vor und bauen auf die Erfahrungen der Pädagogen, den Bildungsbereich Natur so behutsam zu vermitteln, dass er dem individuellen Rhythmus der jeweiligen Kinder entspricht. In den Bildungsvereinbarungen für NRW wird der Bereich Natur – gemeinsam mit Kultur – auf nur zwei Seiten beschrieben und lässt dadurch viel Spielraum.
Im Kapitel 6 ‚Angebotspädagogik und Instruktion oder entdeckendes Lernen' sollen später diese beiden unterschiedlichen Herangehensweisen näher beleuchtet werden (siehe S. 39 ff.).

Unabhängig davon, wie detailliert die jeweiligen Bildungspläne den Zugang zu Naturphänomenen thematisieren, die Umsetzung in die Praxis ist gerade für Themen der unbelebten Natur weit und es besteht die Gefahr, dass weiterhin nur die uns besser vertraute belebte Natur in den Vordergrund gerückt werden könnte. Und gerade das sollte sich ändern!

2.4 Die unbelebte und belebte Natur als Teile eines Ganzen

Gerade die Gleichbehandlung von Phänomenen der belebten *und* der unbelebten Natur ist wichtig, um den Teufelskreis zu durchbrechen, bei dem durch eine zu späte Einführung der Fächer Chemie und Physik das Interesse für diese Themen erloschen ist, während die früh vermittelten biologischen Themenfelder zu Sympathieträgern werden: Das fatale und völlig unangemessene Resultat lautet dann: Bio ist gut – Chemie ist schlecht.

Eine solche Wertung ist nicht nur falsch, sondern führt auch zu einer künstlichen Trennung der Natur: Biologie, Physik, Chemie und auch andere naturwissenschaftliche Disziplinen betrachten Naturphänomene aus einem speziellen Blickwinkel, zerlegen das Ganze. Tatsächlich gehören belebte und unbelebte Natur jedoch zusammen und es fehlt ein ganz wesentlicher Teil der Betrachtung des Ganzen, wenn chemische und physikalische Aspekte nicht berücksichtigt werden.

2.5 Plädoyer für eine verstärkte Berücksichtigung der unbelebten Natur

Die Phänomene der unbelebten Natur bieten nicht selten einen leichteren Einstieg in naturwissenschaftliches Experimentieren.

So lassen sich physikalische und chemische Themen zu jeder Jahres- und Tageszeit durchführen: Auch in den tristen Wintermonaten, in denen Flora und Fauna deutlich weniger Attraktionen zu bieten haben, können einfache Experimente in einem Gruppenraum der Einrichtung durchgeführt werden: Ein Teelicht erlischt beispielsweise auch im November, wenn man ein Glas darüber stülpt.

Die Phänomene der unbelebten Natur können, so oft das Kind möchte, wiederholt werden, was bei einem biologischen Phänomen naturgemäß nicht gelingt: Gerade dann, wenn das Kind von dem unerwarteten Ausgang eines Versuchs oder dem Verlauf eines Experiments fasziniert ist, kommt der Wunsch auf, dieses zu wiederholen, es zu variieren und im eigenen Rhythmus Erfahrungen über das Phänomen zu sammeln. Während beispielsweise beliebig viele Zuckerwürfel in Wasser mit unterschiedlicher Temperatur gelöst werden können, um den Einfluss von Temperatur und Lösungsgeschwindigkeit zu beobachten, kann im Frühjahr eine Tulpe nur ein einziges Mal aus einer Zwiebel wachsen.

Phänomene der unbelebten Natur bieten dem Kind die Gelegenheit, selbst Hand anzulegen und zu experimentieren, während im biologischen Bereich das Kind häufig in die anstrengende Rolle des Beobachters gedrängt wird. Die Färbung der Blätter im Herbst bietet dem Kind kaum Anlass zum Tun, die Durchführung eines physikalischen oder chemischen Experiments ist voll von Handlungsgelegenheiten.

Phänomene der unbelebten Natur sind oftmals leichter kindgerecht zu deuten als die der belebten Natur, weil die Ursachen für den Verlauf des chemischen oder physikalischen Experiments auf nur wenige Naturgesetze zurückzuführen sind, während in der Biologie oftmals viele Einflüsse gleichzeitig wirken. Beispielsweise ist das Erlöschen einer Kerze durch Luftentzug leicht so zu deuten, dass die Kerze zum Brennen Luft benötigt: Die Metamorphose einer Raupe in einen Schmetterling ist dagegen deutlich schwieriger vermittelbar.

Ein letztes Argument für eine frühzeitige Vermittlung der Phänomene der unbelebten Natur wurde schon zuvor angesprochen: Die belebte Natur und die unbelebte Natur gehören zusammen und viele Phänomene der unbelebten Natur machen erst die Lebensformen, die wir in der belebten Natur vorfinden, möglich: So ist beispielsweise das unterschiedliche Lösungsverhalten von Salz und Zucker für den menschlichen Organismus von großer Bedeutung; die Tatsache, dass Eis eine geringere Dichte als Wasser hat, ist für die Wassertemperatur auf der Erde wichtig und es ließen sich viele weitere Beispiele finden.

3. Kinder als Naturforscher – Ein paar theoretische Überlegungen vorweg

Allein die Tatsache, dass Naturwissenschaften in der heutigen Zeit ein wichtiges Bildungsgut darstellen, reicht nicht aus, diese Themen bereits im Kindergarten einzuführen – entscheidend ist das Interesse der Kinder und deren kognitive Fähigkeit, Deutungen des Beobachteten und Hinterfragten überhaupt zu verstehen.
Über lange Zeit hinweg wurde das naturwissenschaftliche Interesse von Kindern im Kindergartenalter nicht wissenschaftlich untersucht, ging man doch davon aus, dass die bereits mehrere Jahrzehnte zurückliegenden empirischen Untersuchungsergebnisse Jean Piagets (1896–1980) auch heute noch Gültigkeit hätten. Demnach könnten Kinder im Elementarbereich noch nicht logisch denken und wären daher für naturwissenschaftliche Deutungen noch nicht offen. Dabei wurde offensichtlich die große Resonanz naturwissenschaftlicher Kindersendungen gerade bei den 5- und 6-Jährigen völlig übersehen. Studien zeigen, dass Wissenschaftssendungen bei Kindern in der Beliebtheit nach Zeichentrickfilmen bereits Platz zwei einnehmen (Frey-Vor, Schumacher 2004, S. 433). Wie ist das möglich, wenn ihnen das Verständnis für die naturwissenschaftlichen Erklärungen fehlen sollte?

3.1 Was Kindergartenkinder wissen wollen und verstehen können

Mitte der 90er Jahre wurden in Kindergärten Untersuchungen zum Interesse der Kinder an naturwissenschaftlichem Experimentieren und zur Erinnerungsfähigkeit an die Deutung der Experimente durchgeführt.

Kinder sind Naturforscher
Es zeigte sich, dass ca. 70 % der Kinder – trotz konkurrierender Angebote – freiwillig über ca. 10 Wochen an Experimentierangeboten (einmal pro Wo-

che, 20 Minuten) teilnahmen, ein Ergebnis, das mit den Vorlieben der Kinder an Naturwissenschaftssendungen in Einklang steht!

Kinder haben ein Elefantengedächtnis

Wie aber ist die kognitive Leistung der Kinder in Bezug auf die Deutung der Naturphänomene? Sind sie – wie Piaget folgerte – tatsächlich noch zu jung für kausale Begründungen? Warum stellen sie dann aber die für dieses Alter so charakteristischen Warum-Fragen? Macht es Sinn, dass Kinder diese Fragen stellen, wenn sie eigentlich noch nicht in der Lage sind, die Antworten zu verstehen oder ist es eine Annahme der Erwachsenen, dass Kinder noch zu klein für naturwissenschaftliche Deutungen sind, um sich der Antwort entziehen zu können?

Im Rahmen der Studie wurden die kognitiven Fähigkeiten der Kinder über ihre Erinnerungsfähigkeit an die Experimente und ihre Deutungen per Einzelinterview ermittelt. Dazu wurde mit ca. drei bis sechs Monaten ein bewusst langer Zeitraum zwischen Experiment und Befragung gewählt, um auszuschließen, dass die naturwissenschaftlichen Erklärungen von den Kindern lediglich rekapituliert wurden. Auch hier waren die Ergebnisse verblüffend gut: Rund die Hälfte der Experimente und ihre Deutung konnten die Kinder – z.T. mit ein wenig Hilfestellung – erinnern! Dieses überraschend gute Ergebnis zeigte sich über alle sozialen Schichten hinweg: Auch Kinder aus einem weniger privilegierten Umfeld zeigten vergleichbar gute Ergebnisse wie Kinder, die aus einem bildungsnahen Umfeld stammen. Liegt nicht gerade in diesem Ergebnis auch eine bildungspolitische Brisanz? Bietet sich hier nicht die Möglichkeit zu einer Chancengleichheit auch für diejenigen, die sonst nicht so leicht an Bildung teilhaben können? Gerade die Ergebnisse der PISA-Studie 2001 bescheinigen Deutschland einen erheblichen Nachholbedarf, was die Förderung von Lernenden mit bildungsfernem familiären Hintergrund betrifft!

Was Hänschen lernt ...

Die Frage, wie lange sich eine frühe Heranführung an Naturphänomene auf das spätere Leben auswirkt oder ob sogar die Berufswahl dadurch beeinflusst wird, lässt sich nur schwer wissenschaftlich untersuchen. Eine

entsprechende Langzeituntersuchung müsste über mindestens zehn Jahre durchgeführt werden und wäre damit enorm kostenintensiv.
Bislang liegen nur indirekte Untersuchungen zur Langzeitwirkung vor: Dazu wurde ein großer Teil der Chemie-Studienanfänger des Jahres 2000 befragt. Von diesen gaben 22% an, dass sie sich für Chemie entschieden hätten, weil sie als kleines Kind schon an die Phänomene herangeführt worden seien. Diese Tatsache ist den Studienanfängern noch 15 Jahre später gut in Erinnerung!

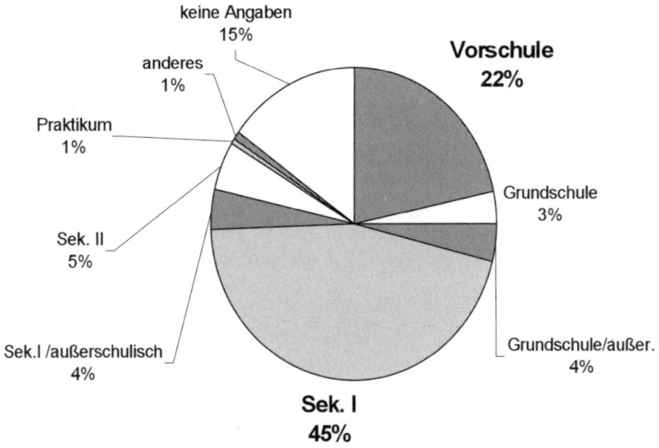

Abbildung 2: Ergebnis der Auswertung von 1345 persönlichen Begründungen für die Wahl des Chemiestudiums; Gesamtübersicht nach Schulstufen sowie außerschulischen und schulischen Einflüssen.

3.2 Warum? – Darum! Das kausale Denken und der Wissensdrang der Fünf- und Sechsjährigen!

Um der Deutung eines Experiments auf den Grund zu gehen ist es hilfreich, wenn das kausale Denken bei den Kindern in Form von ‚immer wenn, dann …' bereits ausgeprägt ist. Erst dieses kausale Denken ermöglicht es, von einem Phänomen und seiner Deutung auf andere Phänomene zu schließen: Ein Beispiel: Eine Kerze benötigt zum Brennen Luft. Sie erlischt immer dann, wenn ihr keine Luft mehr zur Verfügung steht. Deshalb erlischt eine Kerze allmählich, wenn man ein großes, leeres, d.h. mit Luft gefülltes Glas über sie stülpt, sie erlischt schnell, wenn man ein kleines Glas über sie stülpt und sie erlischt, wenn man ein Gas über ihr ausgießt – wie z.B. Kohlenstoffdioxid, das schwerer ist als Luft und sich um die Flamme legt, so dass weitere Luftzufuhr verhindert wird (vgl. dazu die Experimente 8.1 bis 8.5 im Praxisteil S. 54 ff.). Diese Schlussfolgerungen können nur dann nachvollzogen werden, wenn das Kind kausal denken kann. Gelingt das aber schon im Kindergartenalter? Die Warum-Fragen sind ein erstes Indiz dafür, denn ein ‚Warum', das sich überrascht auf ein wahrgenommenes Phänomen richtet, klagt geradezu eine kausale Begründung ein (wobei es darüber hinaus auch eine Reihe von kindlichen Warum-Fragen gibt, mit denen andere Ziele, wie etwa das Aufrechterhalten einer Kommunikation, verfolgt werden).

Weshalb bleib trotz der energischen Warum-Fragen der Kinder bislang eine kausale Begründung – insbesondere in Bezug auf naturwissenschaftliche Phänomene – im Elementarbereich so oft unberücksichtigt?

Über lange Jahre hinweg beriefen sich die Bildungsplaner wie bereits erwähnt fast ausschließlich auf die Forschungsergebnisse eines der Pioniere der Kognitionspsychologie der frühen Kindheit – auf Jean Piaget. Dieser hatte – ausgehend von biologischen und philosophischen Interessen – im Wesentlichen folgende Frage im Blick: Wie entwickelt sich im Laufe eines Lebens die Fähigkeit zur Erkenntnis? Entsprechend untersuchte er die kognitiven Fähigkeiten von Kindern bis zu einem Alter von ca. 14 Jahren. Er kam – um es kurz zu machen – zu dem Ergebnis, dass Vorschulkinder noch nicht in der Lage sind, logisch zu denken, und erst ab etwa 12 oder 13 Jahren die Fähigkeit zur Abstraktion ausgebildet ist. Was liegt näher, als ein Fach wie Chemie, bei dem sich viele Erklärungsmodelle auf den nicht sichtbaren Bereich beziehen, erst ab dem Alter einzuführen, ab dem abstraktes Denken möglich wird – eben ab Klasse 7 oder 8. Da Kinder im Vorschulalter ohnehin nicht logisch denken können, macht es – so die Konsequenz der Bildungsplaner – auch keinen Sinn, Naturphänomene einzuführen und zu erklären, da die Kinder nach Auffassung von Piaget ja ohnehin noch nicht in der Lage sind, ‚Wenn-dann-Beziehungen' herzustellen und kausale Begründungen zu verstehen. Wurden daher im Elementarbereich Naturphänomene eingeführt, beließ man es in der Regel bei dem Staunen der Kinder über das Phänomen und trotz intensiver Fragen der Kinder nach dem Warum blieben die Antworten häufig aus. Viele Kindersachbücher sind noch heute nur auf das Phänomen, nicht aber auf die Deutung ausgerichtet!

Inzwischen haben neue Studien zeigen können, dass Piagets Erkenntnisse zur Entwicklung des kausalen Denkens nicht haltbar sind: Obwohl erste Kritik schon in den 80er Jahren geäußert wurde (vgl. etwa Donaldson 1982, S. 9; Novak 1990, S. 941; Collins 1984, S. 73 f.), sickerte diese Tatsache erst in der letzten Zeit in die Bildungspläne für den Elementarbereich durch.

Auch eine weitere Erkenntnis stimmt nachdenklich: Nicht alle 12- bis 13-Jährigen können schon abstrakt denken; eine so späte Einführung der Fächer Chemie und Physik ist daher gar nicht gerechtfertigt, wenn ohnehin nur rund 60 Prozent der Heranwachsenden die kognitiven Fähigkeiten für formale Naturwissenschaftsinhalte mitbringen (Gräber 1984, S. 257 f.)! Ist es daher nicht viel besser, früher zu beginnen und sich weniger auf abstrakte Inhalte zu konzentrieren und stattdessen das Phänomen und seine Deutung in den Vordergrund zu rücken? Und noch ein dritter Aspekt ist von Bedeutung: Piaget hat sich in seinen Untersuchungen vor allem auf die geistige Entwicklung der Kinder konzentriert, nicht aber affektive Aspekte berücksichtigt, wie etwa die Freude am Experimentieren und Beobachten oder den Wissensdurst der Kleinen, der gerade im Vor- und Grundschulalter unübersehbar ist.

Ein Psychologe, der im Gegensatz zu Piaget gerade die emotionale, affektive Seite der kindlichen Entwicklung in den Mittelpunkt rückte, ist Erik Erikson. Er macht deutlich, dass Kinder im Spielalter, etwa zwischen vier und sechs Jahren, einen enormen Wissensdrang entwickeln – und daher nach dem Warum fragen, weil sie in dieser Zeit mit aller Kraft und Lust Anteil haben möchten am Erwachsenenleben, nachdem sie sich motorisch und z.T. auch sprachlich schon weit entwickelt haben. Es ist nach Erikson die Zeit, in der das Kind „mehr als zu jeder anderen bereit ist, schnell und begierig zu lernen“. So ist es auch zu verstehen, dass sich das Kind im Spielalter „nicht mehr nur den Menschen, sondern auch der Dingwelt zuwendet“ (Erikson 1959, S. 96). Das ist die eigentliche Sternstunde für die ersten Gehversuche zur Erkundung von Naturphänomenen. Auch im Schulalter, das sich im Entwicklungsmodell von Erikson unmittelbar an das Spielalter anschließt, spielt das Interesse an den Naturphänomenen noch eine große Rolle, wenn sich auch die Schwerpunkte deutlich verlagert haben: Nicht mehr das Wissen über das Phänomen, sondern das Tun, das Werken, steht hier im Mittelpunkt – eine Erkenntnis, der sich der Sachunterricht in der Grundschule verstärkt widmen sollte!

Eines ist aber nach Erikson sicher: In der Pubertät, wenn in unseren Schulen die Fächer Chemie und Physik auf der Stundentafel erscheinen, ist das Interesse für naturwissenschaftliche Zusammenhänge in der Regel abgeflacht. In dieser Zeit bewegen die Heranwachsenden andere Fragen: Selbstfindung, erste Ablösung vom Elternhaus etc.; Fragen, auf die in der Regel Erkenntnisse über das Wesen einer chemischen Reaktion oder gar den Aufbau des Periodensystems keine rechten Antworten geben.

Inzwischen liefert auch die Neurophysiologie Argumente für eine frühe Hinführung zu naturwissenschaftlichen Fragen: Gerade in den ersten Lebensjahren entwickelt sich das Gehirn rasant und die Zellverbindungen zwischen den Nervenzellen, die so genannten Synapsen, bilden bis zum Alter von zwei Jahren die größte Vernetzung. In den folgenden Jahren reduzieren sich diese Vernetzungen wieder auf etwa 50 bis 60 Prozent (vgl. Eliot 2002, S. 37ff.; Spitzer 2000, S. 21ff.). Welche Verbindungen abgebaut und welche erhalten bleiben, hängt von ihrer jeweiligen Aktivität, d.h. ihrem ‚Zuständigkeitsbereich' ab und davon, ob sie gebraucht und angeregt werden oder überflüssig sind.

Die Erkenntnisse der Neurophysiologie sind noch so jung, dass sie noch nicht seriös auf naturwissenschaftliche Frühförderung übertragen werden können. Vor zu schnellen Rückschlüssen aus neurobiologischen Erkenntnissen auf Lernprozesse warnt z.B. auch Spitzer. Er kommt dennoch zu dem Schluss, dass eine zu frühe Konfrontation mit Phänomenen durch die Kinder selbst reguliert wird, indem sie eben nur das aufnehmen, was für sie sinnvoll ist (vgl. Spitzer 2002, S. 241). Auch der Hirnforscher Singer kommt zu einem ähnlichen Ergebnis, indem er rät: „Da bislang nur wenige Daten darüber vorliegen, wann das menschliche Gehirn welche Informationen benötigt, ist wohl die beste Strategie, sorgfältig zu beobachten, wonach die Kinder fragen" (Singer 2003, S. 74) – und sind dies nicht gerade auch Fragen zu Naturphänomenen?

3.3 Was Kinder schon alles wissen, bevor wir es ihnen beibringen

Sind Kindergartenkinder, die staunend die Phänomene ihrer Umwelt wahrnehmen und mit Warum-Fragen begleiten, tatsächlich ahnungslos, wenn es um naturwissenschaftliche Erklärungsmodelle geht oder haben sie bereits Konzepte, mit denen sie sich die Phänomene ihrer Umwelt erklären können? Wenn ja, wie tragfähig sind diese Konzepte? Die Beantwortung dieser Frage ist von besonderer Bedeutung, gilt in der Lehr-Lern-Forschung doch immer folgende Aussage: „Der wichtigste Einflussfaktor für den Lernerfolg ist die bereits bestehende Vorkenntnis. Ermittle diese und baue darauf auf." (Ausubel 1968, S. VI)

Tatsächlich haben schon sehr kleine Kinder z.B. schon eine sehr genaue Vorstellung darüber, dass Stoffe nicht einfach spurlos verschwinden können, sondern eine Konstanz und Solidität aufweisen; sie wissen, dass Körper ein Gewicht haben und sie können gut zwischen materiell und immateriell unterscheiden. Seitdem Zweifel an der Allgemeingültigkeit der kognitiven Entwicklungstheorie Piagets entstanden waren, wurde eine Fülle von Studien mit Kleinkindern bis hin zum Säuglingsalter durchgeführt, um deren biologisches und physikalisches Wissen zu erforschen. Vor dem Hintergrund der Piagetschen Stadientheorie führten die Untersuchungen zu überraschenden Ergebnissen, die z.B. zeigten, dass sich bereits Kleinkinder sehr früh ein intuitives Wissen von ihrer Umwelt aneignen. Mit dem Begriff ‚intuitiv' ist dabei gemeint, dass die Kinder zu diesem Wissen ohne ausdrückliche Belehrung gelangen, sondern durch Alltagserfahrungen. Uneinig sind sich die Forscher bislang, ob die frühkindlichen Konzepte im Laufe weiterer Erkenntnisse lediglich ausgebaut und erweitert werden (enrichment view), oder ob die alten Erklärungskonzepte, die ihre Tragfähigkeit verloren haben, aufgegeben werden zugunsten völlig neuer Theorien (conceptual change).

So unterschiedlich beide Position auch sind, Einigkeit besteht darüber, dass Kleinkinder bereits eine Vielzahl an physikalischen und biologischen Grundkenntnissen ihrer Umwelt haben, auf die hier allerdings nicht im Einzelnen eingegangen werden soll (vgl. Lück 2003, S. 46ff.). Es fällt auf, dass Untersuchungen zum intuitiven chemischen Wissen von Kindern noch fehlen: Kennen Kinder Stoffeigenschaften, wie z.B. Saugfähigkeit, ohne dass sie jemals darüber Instruktionen erhalten haben? Ist es ihnen möglich, allein anhand von Wasserdampf zwischen heißem und kaltem Wasser zu unterscheiden, was zeigen würde, dass ihnen nicht nur die Aggregatzustände (häufig Thema in der 7. Jahrgangsstufe!) geläufig sind, sondern auch die Zuordnung von ‚Dampf' und heißem ‚Wasser' leicht fällt? In eigenen Untersuchungen konnten wir zeigen, dass auch in Bezug auf Stoffeigenschaften bereits ein fundiertes intuitives Wissen der Kinder besteht.

Es ist also keinesfalls so, dass eine Heranführung an Naturphänomene im Elementarbereich beim ‚Punkt Null' beginnt, im Gegenteil – es wird auf bereits sehr viel vorhandenem Wissen aufgebaut! Daher ist es wichtig, die Kinder beim Experimentieren und Aufspüren der Deutung des Phänomens ihrem eigenen Rhythmus zu überlassen und ihnen nicht unsere Erklärungen ‚überzustülpen' (vgl. Kapitel 5).

3.4 Die Bedeutung des Experimentierens für das Kind

Bei der Heranführung von Kindern an naturwissenschaftliche Phänomene ist das Experimentieren entscheidend, nicht allein die Beobachtung! Das Experimentieren führt aber nicht nur zur ‚Tuchfühlung' mit dem Naturphänomen, sondern enthält zudem eine Reihe von Bildungsfacetten: Neben der Durchführung des Versuchs, die schon ein wenig Geschicklichkeit erfordert, kommen der Gesichtssinn, der akustische Sinn, aber auch die taktile Wahrnehmung zum Einsatz und werden geschult. Gleichzeitig muss ganz genau beobachtet werden, und zwar zu einem vorgegebenen Zeitpunkt, denn ein wenig später ist vielleicht schon alles vorbei. Damit auch die anderen Kinder der Experimentiergruppe alles mitbekommen können, müssen sich alle für die Zeit des Experimentierens so ruhig wie möglich verhalten und dürfen den anderen nicht die Sicht nehmen. Damit spielen also auch soziale Komponenten eine Rolle. Werden die Kinder aufgefordert, das Beobachtete zu

formulieren, sind auch sprachliche Kompetenzen gefordert bzw. wird die sprachliche Ausdrucksfähigkeit gefördert. Schon allein das Aufzählen der zum Experimentieren erforderlichen Gegenstände, die in der Regel bereits auf dem Experimentiertisch vorbereitet sind, bereitet manchem Kind Schwierigkeiten, wenn es den genauen Begriff Glas anstelle von Becher oder den Begriff Teelicht anstelle von Kerze wählen soll (vgl. Kapitel 3.5).

Das Experimentieren hat neben der sinnlichen Erfahrung sowie der sozialen und der sprachlichen Kompetenz zudem vor allem auch noch einen kognitiven Aspekt: Das Experiment bedarf nämlich einer Deutung – vor allem dann, wenn das Ergebnis verblüfft und Anlass zum Hinterfragen gibt. Genau dieses Hinterfragen entspricht dem großen Wissensdrang der Vorschulkinder, den sie mit zahlreichen Warum-Fragen zum Ausdruck bringen. Gerade Naturphänomene der unbelebten Natur lassen sich durch Kausalbeziehungen, also Wenn-dann-Bezüge, deuten. So etwa: ‚Immer, wenn einer Kerze Luft entzogen wird, dann erlischt sie' oder ‚Wenn Luft aus einem Gefäß nicht entweichen kann, dann kann auch kein anderer Stoff – etwa Wasser – nachströmen.'

3.5 Was frühkindliche Naturerfahrung mit Sprache zu tun hat

Vordergründig betrachtet scheinen bei der frühkindlichen Naturerfahrung insbesondere die Durchführung von Experimenten, also das praktische Tun, sowie die genaue Beobachtung, oder weiter gefasst die Wahrnehmung mit allen Sinnen, eine Rolle zu spielen.

Aber nicht nur beim Benennen der für das Experiment erforderlichen Materialien spielt Sprache bei der ersten Herangehensweise an Naturphänomene eine Rolle, sondern spätestens auch dann, wenn sich die Warum-Frage einstellt. Dieses interessierte, auf ein Naturphänomen bezogene Warum setzt die Bereitschaft frei, sich mit einer Antwort auseinander zu setzen, ganz gleich, wie schwierig sie auch ausfallen könnte. Diese Bereitschaft zur ‚Anstrengung des Begriffs' bringt die sprachlichen Elemente der frühkindlichen Naturerfahrung mit ins Spiel! Hier muss genau zugehört, das Unverständliche vom Verständlichen, bereits Vertrauten, gefiltert und das Gesagte mit den bisherigen Erklärungsmodellen in Einklang gebracht werden bzw. ein völlig neues Modell zum Verstehen des Phänomens aufgestellt werden. Es muss vielleicht auch noch einmal nachgefragt, vertieft werden.

Diese Anstrengung des Begriffs muss zudem oft *gegen* alltagssprachliche Formulierungen geleistet werden. Gerade die Alltagssprache, die den Kindern schon wohl vertraut ist, führt oft zu Vorstellungen, die mit naturwissenschaftlichen Deutungen nicht in Einklang gebracht werden können.

So sagen wir Erwachsenen, es sei ‚nichts' im Kühlschrank, auch wenn dort noch die Reste der letzten Woche vorzufinden sind – und eben auch Luft; wir sagen, die Geldbörse sei ‚leer', auch wenn noch die Abholzettel von der Reinigung, etwas Kleingeld und natürlich auch Luft vorhanden sind, wir sprechen von leeren Flaschen und leeren Gläsern, und beachten dabei nicht, dass sie randvoll mit Luft gefüllt sind. Es überrascht daher nicht, wenn Kinder den umgangssprachlichen Ausdruck ‚Wir gehen mal an die frische Luft' zu einer Grundlage ihres naturwissenschaftlichen Weltbildes machen und annehmen, dass Luft eben immer nur draußen sei.

Genauso verwirrend ist der umgangssprachlich häufig verwendete Begriff ‚verschwinden' bzw. ‚weg'. Die verlegte Brille ist ‚weg', die abgenommenen Kilos sind ebenso ‚nicht mehr da' und der Zuckerwürfel im Tee verschwunden – sprachlich nirgends ein Hinweis auf das weitere Vorhandensein der Brille, auf das, was einmal das höhere Gewicht auf die Waage brachte oder eben auf den Zuckerwürfel. Naturwissenschaftlich gesehen verschwinden Stoffe aber nicht einfach, sondern sie sind – wenn nun auch nicht mehr sichtbar – entweder woanders (Brille, Kilos) oder aber so zerkleinert, dass sie mit dem Auge nicht mehr wahrnehmbar (Zucker) sind.

Da Sprache sicherlich unser Denken beeinflusst und daher saloppe umgangssprachliche Formulierungen zu unangemessenen naturwissenschaftlichen Vorstellungen führen, sind die Deutungen der Naturphänomene, die gegen diese Umgangssprache angehen, von ganz besonderer Bedeutung bei der frühkindlichen Naturerfahrung.

Schließlich kann auch die Art der Hinführung zu einem Naturphänomen sehr eng mit Sprache verbunden sein, nämlich dann, wenn das ‚Storytellung' praktiziert wird. Davon handelt das folgende Kapitel.

4. Storytelling

In unserer eigenen Schulzeit haben wir die Fächer Chemie und Physik oftmals als zu theorielastig erlebt; es fehlte der Lebens- und Alltagsbezug, so dass wir allenfalls – wenn überhaupt – einen kognitiven Zugang zu den chemischen und physikalischen Inhalten gewonnen haben –, der meistens im Laufe der Zeit wieder verloren ging. Das Begreifen mit ‚Herz und Verstand', d.h. mit affektivem und kognitivem Bezug, ist deutlich länger anhaltend und hinterlässt darüber hinaus auch einen tieferen und positiveren Eindruck in uns.

Wie aber lässt sich das Affektive wecken, wenn es um Themenfelder der unbelebten Natur geht? Der angelsächsische Sprachraum hat darauf schon seit längerem eine Antwort: Durch Storytelling – wobei mit diesem Anglizismus mehr gemeint ist als durch die schlichte Übersetzung ‚Geschichten erzählen' angedeutet wird: Es geht nicht nur um eine gefällige Verpackung des Naturthemas, sondern es soll zugleich auch eine Einstellung, ein Engagiert-Sein beim kindlichen Zuhörer geweckt werden. Dass dies gerade durch das Erzählen einer Geschichte ausgelöst werden kann, soll im Folgenden näher beleuchtet werden.

Der Wunsch, Geschichten zuhören zu können, ist bei Kindern früh verankert: Die Gutenacht-Geschichte vor dem Einschlafen, das versonnene, intensive Zuhören, wenn ihnen jemand ein Märchen erzählt. Beim Geschichten-Zuhören sind Kinder ‚ganz Ohr'. Dabei geht es nicht allein um den Inhalt des Vorgetragenen, sondern auch um die besondere Form der Zuwendung beim Erzählen: der Blickkontakt zwischen Erzähler und Kind, die Stimmmodulation des Sprechenden, die intensivere Gestik. Im Erzählen der Geschichte bilden Zuhörer und Erzählender eine Einheit, die durch nichts unterbrochen wird – sonst endet die Geschichte. Hinzu kommt die Welt der Imagination, die sich vor dem geistigen Auge des Kindes – entsprechend seiner Erfahrungswelt – entfalten kann, während es sich der Gegenwart des vertrauten Erzählers gewiss sein kann.

Auch wir Erwachsenen lassen uns gerne darauf ein, wenn uns jemand eine Geschichte erzählt, und folgen einem frei gesprochenen Vortrag deutlich leichter als einer abgelesenen Rede. Auch Ihnen, lieber Leser, würde es deutlich eingängiger sein, wenn ich Ihnen quasi zur Selbsterfahrung eine Geschichte erzählen würde, die etwa so anfangen könnte: „Gestern, als ich mich gerade an den Schreibtisch setzen wollte, um mit der vorliegenden Publikation zu beginnen, da ist mir doch etwas Sonderbares widerfahren …“ Nicht von ungefähr waren die Erzähler der Epen Homers, der Ilias und der Odyssee, nur dann beliebt, wenn es ihnen gelang, die langen Gedichte völlig frei auswendig zu sagen; wer ablesen musste, hatte verloren. Manche Klassiker der Weltliteratur, ob das Dekameron von Boccaccio oder die Geschichten aus Tausendundeiner Nacht, bedienen sich einer Rahmenhandlung, bei der die Erzählungen bzw. Märchen unterhalten und in eine andere Welt entführen sollen.

Im Elementarbereich bietet sich sicherlich nicht jede beliebige Geschichte an, um das narrative, d.h. erzählende Element zur Geltung zu bringen. Die Geschichte soll neben einem thematischen Bezug zum Naturphänomen auch den Alltagsbezug der Kinder berücksichtigen und – wenn möglich – auch noch das geplante naturwissenschaftliche Experiment integrieren.

Zudem dürfen die Geschichten nicht zu lang sein, damit sich nicht die gesamte Konzentration der Kinder auf das Zuhören der Geschichte richtet und der Versuch und die naturwissenschaftliche Deutung dagegen in den Hintergrund rücken. Welche Art von Erzählung soll es aber dann sein, die all diesen Kriterien genügt? Leider kann an dieser Stelle kein Rezept für das Geschichtenerzählen gegeben werden. Da das Storytelling immer Affekte und Emotionen wecken soll, oder wie Kubli, einer der schon seit langem im deutschsprachigen Raum zu diesem Thema forscht, es zum Ausdruck bringt „mit Emotionen spielen soll“ (Kubli 2002, S. 113), ist für das erfolgreiche Erzählen von Geschichten viel Fingerspitzengefühl und Einfühlungsvermögen erforderlich. Auch Reinhardt nimmt von einer allzu präzisen Anleitung in seinem Buch „Storytelling in der Pädagogik“ (2003) eher Abstand. Dennoch ist es einfach, dieses narrative Element bei der Heranführung an Naturphänomene einzubringen, wenn man erst einmal die Resonanz erfahren hat, die die Kinder dieser Herangehensweise an Naturphänomene entgegenbringen.

Im praktischen Teil sind – gerade bei den ersten Experimenten – beispielhaft einige kleine Einstiegsgeschichten skizziert, die sich in Kindergärten

bewährt haben. Sie alle haben folgendes gemeinsam: Eine Identifikationsfigur (in unserem Fall sind es zwei Gummibärchen, namens Nanu und Wusch), ein ungewöhnliches, aber für Kinder dennoch gut nachvollziehbares Problem und die Aufforderung an die Kinder zu helfen, dieses Problem der Identifikationsfiguren zu lösen. Mit nur wenigen Sätzen kann eine solche Geschichte das eigentlich im Vordergrund stehende Naturphänomen in einen kindgerechten Kontext stellen. Zudem bilden die Figuren eine Art Gedächtnisanker, um sich an das Phänomen zu erinnern.
Ich habe oft erlebt, dass Kindergartenkinder, vor die Wahl gestellt, entweder zwei Weingummis essen zu dürfen oder zwei Gummibärchen mit nach Hause zu nehmen, sich für letzteres entschieden haben, um dort – vor den Augen der überraschten Eltern – das Problem der ‚Freunde' erneut zu lösen.

5. Die naturwissenschaftliche Deutung des Experiments – nicht immer einfach, aber sehr wichtig

Dass die Kinder bei der Durchführung des Experiments begeistert und mit allen Sinnen bei der Sache sind, ist gut nachvollziehbar: Wasser, das bei vielen Versuchen zum Einsatz kommt, ist immer ein Magnet für Kinder und wenn dann noch Teelichter gelöscht werden, ‚wie von Zauberhand' Farbveränderungen hervorgerufen werden oder im Wasser ‚verschwundene' Stoffe wieder ‚hervorgezaubert' werden, dann sind die Kinder in ihrem Forscherdrang nicht mehr zu bremsen. Wäre es nicht einfach ausreichend, es bei dem Experimentieren bewenden zu lassen und den Kindern die Deutung zu ‚ersparen'? Statt langwieriger Überlegungen und sprachlicher Bemühungen bei der Deutung könnte vielleicht ein weiteres Experiment in Angriff genommen werden.

Leider haben sich viele Kindersachbücher mit naturwissenschaftlichen Experimenten für dieses Vorgehen entschieden. Ein mehr oder weniger spektakuläres Experiment reiht sich an das nächste – wobei manch ein Versuch auch gar nicht erst gelingt –, auf die Deutung des Phänomens wird aber völlig verzichtet. Oftmals fehlt sogar der kleinste Hinweis auf den naturwissenschaftlichen Hintergrund. So laufen die Warum-Fragen der Kinder, die gerade durch das Experimentieren angeregt wurden – ins Leere und es bleibt der Eindruck von Zauberei zurück.

Dadurch wird für die Kinder geradezu eine Sternstunde der Naturwissenschaftserfahrung – möglicherweise unwiederbringlich – verschenkt, ist es doch gerade die Deutung, die das Kind befähigt, von einem Naturphänomen auf ein anderes zu schließen: Wenn z. B. eine Teelichtflamme jedes Mal dann erlischt, wenn ihr die Luft (Sauerstoff) entzogen wird, dann gelingt das, indem wir ein Glas darüber stülpen, aber auch indem wir ein schweres Gas wie Kohlenstoffdioxid darüber gießen (vgl. Experimente 8.4 und 8.5 im Praxisteil). Ein solcher Transfer kann nur geleistet werden, wenn Hintergründe bekannt sind, die aus dem Phänomen allein in der Regel nicht abgeleitet werden können. Letztlich wird durch die Deutung das Verständnis der Phänomene erleichtert und die Versuche stehen mit ihrem verblüffenden

Ausgang nicht mehr unzusammenhängend nebeneinander. Vor allem aber: Erst durch die Vermittlung der hinter den Phänomenen stehenden Naturgesetze kann den Kindern die absolute Zuverlässigkeit der Gesetzmäßigkeit im wahrsten Sinne des Wortes ‚vor Augen geführt werden'. Für manche Kinder ist das sehr wichtig und sie wiederholen ein Experiment – etwa die Löslichkeit von Zuckerwürfeln in warmem und kaltem Wasser – so häufig hintereinander, als wollten sie die Naturgesetzlichkeit einem Test unterziehen.
Es ist also gerade auch bei den ersten Gehversuchen in die Welt der unbelebten Natur äußerst wichtig, neben der Durchführung des Versuchs auch die Deutung nicht zu kurz kommen zu lassen.
Aber was kann ein Kind im Kindergartenalter schon verstehen? Wann ist eine naturwissenschaftliche Deutung kindgerecht und verständlich? Was geschieht, wenn die Deutungen zu kompliziert vermittelt werden? Geht dann das Interesse der Kinder verloren? Auf diese Fragen soll im Folgenden näher eingegangen werden.

5.1 Analogie

Einer der wichtigsten Zugänge zu einer kindgerechten Deutung ist der Vergleich mit bereits Vertrautem – die Analogie. Warum bleibt beispielsweise eine Serviette, in ein ‚leeres' also mit Luft gefülltes Glas gesteckt, trocken, wenn man das Glas mit der Öffnung nach unten in Wasser taucht? Hier können zahlreiche, recht komplexe mathematisch-naturwissenschaftliche Erklärungen herangezogen werden, die natürlich bei den Kindern auf Unverständnis stoßen. Orientiert man sich bei der Erklärung aber an der Welt der Kinder, wird es einfach: Dort, wo sich ein Kind befindet, kann zur selben Zeit nicht auch ein anderes Kind stehen. Dies gelingt nur, wenn sich das erste Kind vom Platz bewegt. Die Luft im Glas kann nicht entweichen (erst wenn das Glas schräg gehalten wird). Daher kann Wasser nicht nachströmen (vgl. Experiment 8.1 im Praxisteil).
Natürlich sind solchen Analogiebildungen auch Grenzen gesetzt und nicht alle Naturphänomene lassen sich auf diese Weise deuten, ohne dabei zu stark von einer angemessen richtigen Erklärung abzuweichen. Bei den hier vorgestellten Experimenten sind jeweils kindgerechte Deutungen hinzugefügt.

5.2 Beseelung

Ähnlich bedeutsam wie das Geschichtenerzählen zur Einführung eines Naturphänomens ist die Beseelung bei der Erklärung des naturwissenschaftlichen Hintergrunds – ganz besonders bei Kindern im Kindergartenalter! Formulierungen wie „Die Kerze frisst Luft“ oder „Wasser und Öl mögen sich nicht und können sich daher nicht vermischen“, waren über lange Jahre hinweg in den Naturwissenschaftsdeutungen verpönt. Stattdessen beschränkte man sich auf möglichst naturwissenschaftlich ‚korrekte‘ Erklärungen, in denen jegliche Beseelung vermieden wurde – auch wenn dies auf Kosten des Verständnisses und damit letztlich einer erfolgreichen ersten Hinführung zur Deutung des Naturphänomens ging. Ganz entschieden wurde eine solche ‚entseelte‘ Naturwissenschaftsdeutung seit den 70er Jahren vertreten, als mit dem so genannten Sputnikschock die westliche Welt den Nachholbedarf an naturwissenschaftlichen Kenntnissen möglichst schnell ausgleichen wollte. Selbst im Sachunterricht der Grundschule sollten wissenschaftliche Deutungen im Vordergrund stehen und Vermenschlichungen, wie sie in den oben genannten Beispielen beschrieben sind, vermieden werden.
Sicherlich wurden auch in Ihren Chemie-Schulbüchern Fotografien von komplizierten Industrieanlagen oder Zeichnungen von Modellen – etwa zur Schwefelsäureherstellung – bevorzugt dargestellt, wenn sie auch kaum zum Verständnis beitrugen. Anschauliche Abbildungen, auf denen etwa Wassermoleküle sich lächelnd die Hand reichen, um eine Wasserstoffbrückenbindung zu bilden, wurden als unwissenschaftlich aus sämtlichen Schulbüchern ausgerottet.

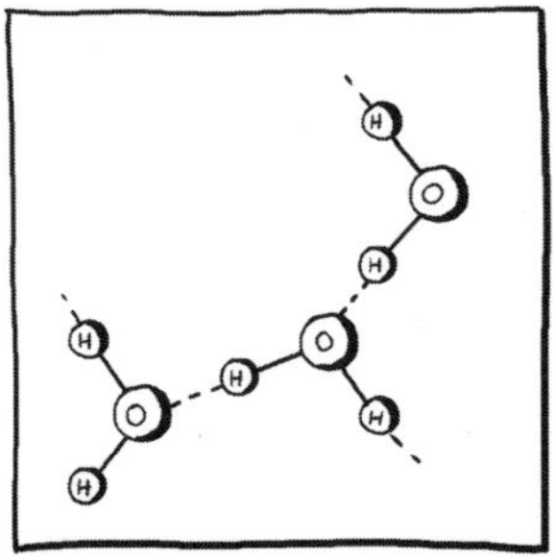

Ein solch konsequentes Vorgehen hat sicherlich mit dazu beigetragen, dass für Generationen von Lernenden – und nicht zuletzt auch bei uns – ein erster Zugang zu den Naturwissenschaften Chemie und Physik in weite Ferne rückte.

Allmählich geht man zum Glück mit Beseelungen in den Naturwissenschaften unverkrampfter um, sicherlich auch, weil man erkannt hat, dass wir ohnehin nie ganz auf sie verzichten können. Fachbegriffe wie ‚gesättigte Lösung' oder ‚einsame Elektronenpaare' zeigen, dass sich selbst in der Wissenschaftssprache hartnäckig diese Art von Beseelungen, auch Animismen genannt, gehalten haben.

In der Werbung finden wir es selbstverständlich, dass ‚kleine Preise' sprechen können oder Mayonaise-Kerlchen behände über den Bildschirm tanzen, weil sie sich so beschwingt leicht und fettarm fühlen. Auch in den Gesundheitsratgebern der Arztpraxen wimmelt es nur so von animistischen Belebungen, wo eigentlich hochwissenschaftliche Erklärungen am Platze wären. Da kann sich ein sorgfältig geputzter Zahn über seine lange Lebensdauer freuen und mit einem guten Abwehrsystem verscheuchte Bakterien gucken uns elendig an. Offensichtlich hat sich die Werbung dem Diktat einer Vermittlung frei von Beseelungen widersetzt – sicherlich aufgrund fundierter Einsichten, denn ansonsten würde die ökonomisch hart kalkulierende Werbebranche nicht auf diese Darstellungsweise setzen.

Warum sollen wir dann darauf verzichten, wenn wir Kindern Naturphänomene verständlich machen wollen? Neuere Wissenschaftsdisziplinen wie die Informationstechnologie haben von Anfang an nicht auf beseelende Analogien verzichtet: Die Maus am Computer oder der Virus auf der Festplatte sind Beispiele dafür.

Auch wir Erwachsenen sind beim Umgang mit Beseelungen der unbelebten Natur oft nicht so genau. Bei schönem Wetter lacht die Sonne, eine Landschaft ist trist und in der Meteorologie erhalten Tiefs, Hochs und Orkane von uns Namen.

Sollten wir deshalb aber gleich ganz auf sachliche, naturwissenschaftliche Deutungen verzichten und Naturphänomene so häufig wie möglich mit Hilfe von Beseelungen deuten?

Gerade der Mittelweg zwischen Beseelung und naturwissenschaftlicher Deutung scheint für das Naturwissenschaftsverständnis der günstigste zu sein. Vor allem Kinder verfügen über die Fähigkeit, sich in ‚beiden Welten' der Erklärungsmodelle zurecht zu finden (Mähler 1995, S. 212ff.). Eine ausschließlich beseelende Naturdeutung würde dagegen ein Weltbild erzeugen, in dem der Mensch zu stark in den Mittelpunkt rückt (egozentristisch), eine zu einseitig rationale Naturdeutung würde – wie unsere eigenen Naturwissenschaftserfahrungen zeigen – eine Distanz zu den Naturphänomenen aufkommen lassen, die schließlich zu Gleichgültigkeit führt (Gebhard 2003; Lück 2003, S. 80ff.).

Im Praxisteil sind einige naturwissenschaftliche Deutungen der Naturphänomene enthalten, die einen Brückenschlag zwischen Beseelung einerseits und Fakten- und Sachbezug andererseits aufzeigen.

6. Angebotspädagogik und Instruktion oder entdeckendes Lernen?

Bei allem Konsens, der derzeit im Rahmen der Bildungsvereinbarungen in den deutschen Bundesländern zu beobachten ist, in Bezug auf die Frage, wie Kinder an die Bildungsinhalte herangeführt werden können, scheiden sich die Geister.

Ausgehend von einem Bildungsbegriff, bei dem sich das Kind im Sinne von Selbstbildung in Eigenaktivität ‚Welt aneignet', plädieren manche Elementarpädagogen dafür, instruktive Elemente oder klassische Angebote möglichst wenig einzusetzen und die Kinder eigenständig ihre Umwelt entdecken zu lassen. Bei diesem Prozess des entdeckenden Lernens sollte der Pädagoge – so die Vertreter dieser Richtung – hilfreich bei Seite stehen, ohne die Eigendynamik des kindlichen Aneignens von Welt durch Vorgaben zu lenken, zu beschleunigen oder abzukürzen. Als Vertreter dieser Richtung können Schäfer (1995), Laewen (2002) und in Bezug auf die Heranführung an Naturphänomene auch Elschenbroich (2005) gesehen werden. Bildungsvereinbarungen, die sich dieser Auffassung anschließen, so etwa NRW, enthalten entsprechend auch kaum konkrete Angaben, *wie* das Kind an die Bildungsinhalte herangeführt werden kann. Dies birgt die Gefahr, dass einerseits aufgrund der großen Offenheit der inhaltlichen Vorschläge und andererseits aufgrund der mangelnden Erfahrung, wie Kinder an Naturphänomene herangeführt werden können, der Themenkomplex naturwissenschaftliche Bildung vernachlässigt werden könnte.

Diejenigen, die eine Angebotspädagogik mit Instruktionen favorisieren, führen als Argumente an, dass – insbesondere im Falle von evaluierten, mit Kindern bereits erprobten Angeboten – eine Art Qualitätssicherung bei dem Bildungsangebot sichergestellt werden kann und den Pädagogen im Elementarbereich zudem Handreichungen gegeben werden, wie sie sich auf dem z.T. noch unbekannten Terrain bewegen können. Der Bayrische Bildungsplan enthält eine Vielzahl sehr konkreter Bildungsinhalte mit Angeboten und Instruktionen – insbesondere in Bezug auf naturwissenschaftliche Frühbildung.

Welcher Weg ist denn nun der Richtige? Das Kind alleine auf Entdeckungs- und Forschungsreisen gehen zu lassen und allenfalls hilfreich die Hand auszustrecken oder das Interesse der Kinder durch Angebote zu lenken und durch konkrete Vorgaben die Vermittlung von Bildungsinhalten zu kanalisieren?

Wie so oft liegt der Königsweg meines Erachtens auch hier genau in der Mitte! Natürlich sollten Prozesse des entdeckenden Lernens der Kinder gefördert werden. Gerade in Bezug auf Naturphänomene sind Kinder voll von diesen Entdeckerfreuden. Warum sollte aber nicht darüber hinaus im Rahmen eines Angebots auch der Blick auf andere Entdeckungen gelenkt werden, die nicht im ‚Forschergeist' der Kinder liegen? Fragen wie ‚Was löst sich in Wasser, was nicht', ‚Was ist Luft?',‚Gibt es noch andere Gase als Luft?', zählen eher nicht zu den Fragen, die sich ein Kind stellt, weil Luft eben unsichtbar ist, Salz und Zucker weiß sind und andere Gase in der Regel gar nicht bekannt sind.

Weil gerade die Fünf- und Sechsjährigen die besonders interessierten Naturforscher sind, ist es aus meiner Sicht gerade sinnvoll, das entdeckende Lernen der Kinder durch Erfahrungen auf dem Gebiet des gezielten Experimentierens zu fördern und zu unterstützen. Auch die gemeinsame Erarbeitung einer Deutung kann den Kindern eine erste Ahnung darüber vermitteln, dass ihre Fragen an die Natur durchaus zuverlässig beantwortet werden können, wenn es auch nicht immer gelingt.

Mein wichtigstes Argument für eine Angebotspädagogik mit instruktiven Elementen bei der Heranführung an Naturphänomene liegt in der manchmal noch großen Unsicherheit derjenigen, die im Elementarbereich Tag für Tag die Bildungsvereinbarungen umsetzen sollen. Gerade dann, wenn die Erfahrungen auf dem Gebiet der Naturwissenschaften nur gering oder die eigenen Schul- und Ausbildungserfahrungen in Chemie und Physik negativ sind, ist die Hürde, das entdeckende Lernen der Kinder als Naturforscher zu fördern, noch recht groß. Dann bieten konkrete Vorschläge eine erste Hilfestellung.

Keinesfalls sollten aber die Fragen der Kinder, die sich aus dem Experimentieren entwickeln, zurückgedrängt werden, um ‚das Programm' durchzuziehen. Natürlich gibt es in Bezug auf die erste Heranführung an Naturphänomene auch keine ‚falschen Fragen' der Kinder. Wenn bei dem

Experiment ‚Kerze löschen' die Fragen aufkommen, weshalb die Kerze rußt oder weshalb das Wachs flüssig wird, dann sind sie genauso wichtig wie die Frage, weshalb denn die Kerze überhaupt erlischt, wenn wir ein Glas über sie stülpen. Zudem sind sie ein guter Hinweis darauf, dass Angebote den Horizont für entdeckendes Lernen erweitern können!

7. Praktische Hinweise zur Vorbereitung der Experimentiereinheiten

7.1 Welche naturwissenschaftlichen Experimente sind für den Kindergarten geeignet?

In den letzten Jahren ist der Büchermarkt mit Kinderexperimentierbüchern geradezu überschwemmt worden. Hier findet man zahlreiche Anregungen für geeignete Experimente und viele der dort dargestellten Versuche sind auch tatsächlich schon für ganz junge Kinder geeignet. Immer wieder aber findet man in den Experimentierbüchern nicht eigens gekennzeichnete Versuche, die selbst noch für ältere Schüler viel zu gefährlich sind. Besonders ärgerlich ist es, wenn vermeintlich einfache Experimente nicht oder nur ganz selten und mit viel Glück gelingen.
Woran ist ein für den Elementarbereich wirklich geeignetes Experiment zu erkennen? Die folgenden Kriterien sollen Ihnen die Auswahl erleichtern:

Anforderungen an naturwissenschaftliches Experimentieren im Elementarbereich

- Versuchsdurchführung: völlig ungefährlich und sicher
- Materialien: preiswert und leicht erhältlich
- zuverlässiges Gelingen
- kindgerechte naturwissenschaftliche Deutung
- experimentelle Anforderung: von Vorschulkindern selbstständig durchführbar
- Alltagsbezug
- Versuchsdauer: maximal 20–30 Minuten
- möglichst systematischer Aufbau der Experimente

Sichere Versuchsdurchführung

Das mit Abstand wichtigste Kriterium bei der Auswahl von Experimenten ist die Sicherheit. Selbst bei nicht einkalkulierbarem, unsachgemäßem Gebrauch der eingesetzten Materialien sollten keine über die alltäglichen Gefahren hinausgehenden gesundheitlichen Risiken in Kauf genommen werden. Daher sollten in der Regel lediglich Haushaltmaterialien zum Einsatz kommen. Zwar sind auch hier Gefahrenquellen nicht auszuschließen (brennendes Teelicht, Spülmittel, Salz). Da diese Risiken grundsätzlich in jedem Haushalt bestehen, sollte auf diese haushaltsüblichen Materialien beim Experimentieren nicht verzichtet, allerdings auf die Gefahren hingewiesen werden.

Preiswerte und leicht erhältliche Materialien

Die Materialien für die Versuche sollten grundsätzlich preiswert sein, so dass die finanzielle Belastung kein Hinderungsgrund für die Durchführung darstellt. Zudem steht dann einer beliebigen, dem Rhythmus des experimentierenden Kindes entsprechenden Wiederholung des Experiments nichts im Wege.

Es hat sich gezeigt, dass ein erschwerter Zugang zu den Materialien, etwa über den Laborbedarf- oder Chemikalienhandel, die Bereitschaft zur Durchführung von Experimenten deutlich hemmt.

Der Einsatz alltäglicher Haushaltsmaterialien ist zudem für Kindergartenkinder von unschätzbarem Wert, weil sie die Versuche zu Hause noch einmal durchführen können.

Zuverlässiges Gelingen

Sämtliche Versuche sollten von den Kindern selbst durchgeführt werden können. Auch wenn es unterschiedliche didaktische Positionen gibt, die dem Misslingen eines Versuchs einen hohen Stellenwert beimessen, ist es gerade bei der ersten Hinführung zu Naturphänomenen wichtig, dass das Kind Vertrauen in sein erstes Experimentiergeschick erhält. Zudem ist auch die begrenzte Konzentrationsfähigkeit der Kinder ein Faktor, der beachtet werden muss: Eine Wiederholung des Experiments bis zu seinem endgültigen Gelingen könnte eher ermüdend und auf die Motivation hemmend wirken.

Kindgerechte naturwissenschaftliche Deutung

In gängigen Experimentierbüchern ist eine Vielzahl von Versuchen zu finden, die trotz ihres leichten Gelingens und der Faszination ihrer Ergebnisse im Kindergarten und in der Unterstufe nicht gut durchführbar sind. Der Grund: Die naturwissenschaftliche Deutung des Experiments ist zu komplex, um sie jüngeren Kindern verständlich näher zu bringen. Es bliebe also letztlich der Eindruck von Zauberei zurück. Sicherlich ist bei den Kindern schon allein durch die Durchführung faszinierender Experimente kurzfristig eine große Aufmerksamkeit zu erzielen. Dennoch ist diese reduzierte Form der Naturwissenschaftsvermittlung ohne Deutung des Hintergrunds keineswegs unproblematisch: Prozesse, deren Ablauf als Zauberei interpretiert wird, können nicht zugleich auf eine zuverlässige Naturgesetzmäßigkeit zurückgeführt werden. Sie unterliegen daher aus der Sicht der Kinder offensichtlich der Willkür desjenigen, der das Experiment ‚in der Hand' hat. Der Ausgang von Naturvorgängen ist für die Kinder nun nicht mehr kalkulierbar. Darin liegt schon ein erster Keim für Affekte, die später in Vorurteile gegenüber naturwissenschaftlichen Entwicklungen oder in eine allgemeine Technikfeindlichkeit umschlagen können. Dagegen legt das Verstehen von Naturzusammenhängen eine Basis für eine vorurteilsfreie Begegnung mit Naturphänomenen, wo Wertungen und Einschätzungen wie ‚gut' und ‚schlecht' noch keine Rolle spielen. Darüber hinaus konnte in Untersuchungen zur Erinnerungsfähigkeit gezeigt werden, dass ein Versuch durch die Deutung des Phänomens deutlich besser im Gedächtnis bleibt als ein lediglich durchgeführtes Experiment. Deshalb sollte bei allen Experimenten ganz besonders viel Wert auf die naturwissenschaftliche Deutung gelegt werden.

Einfache Durchführbarkeit

Die experimentelle Annäherung an Phänomene der unbelebten Natur fordert die Aufmerksamkeit aller Sinne der Kinder: Neben den so genannten Fernsinnen Sehen, Hören und Riechen werden auch die Nahsinne, vor allem der taktilo-kinästhetische Sinn (Fühlen und Begreifen), angesprochen. Dies gelingt allerdings nur dann, wenn die Kinder auch einen eigenständigen experimentellen Zugang zum Phänomen haben – also selbst tätig werden können.

Der positive Verlauf des eigenständig durchgeführten Experiments trägt zudem zur Förderung der Selbsttätigkeit und Autonomie bei. Letztlich bildet gerade diese Kompetenzerfahrung einen entscheidenden Faktor für eine interessierte Grundhaltung am dargebotenen Themenfeld. Schon die Reformpädagogik Montessoris hat diesem Aspekt der Förderung von Selbsttätigkeit und Autonomie durch Bereitstellung geeigneter Werkmaterialien in besonderem Maße Rechnung getragen (vgl. Montessori 1994).

Alltagsbezug
Wenn die Auswahl der Materialien aus Sicherheits- und Kostengründen dem häuslichen Umfeld entnommen ist, wird der Alltagsbezug leicht hergestellt. Das Naturphänomen wird die Kinder wesentlich nachhaltiger beeindrucken, da später im Haushalt die für das Experiment erforderlichen Materialien wie Gläser, Salz, Zucker oder Backpulver wieder erkannt werden können. Nicht selten führen die Kinder die Experimente dann auch noch einmal zu Hause durch. Aus lernpsychologischer Sicht führt eine erneute Auseinandersetzung mit den gerade erfahrenen Inhalten noch am gleichen Tag zu einer deutlichen Festigung.

Begrenzte Versuchsdauer
Viele Prozesse, die in der Natur ablaufen, dauern nur scheinbar kurze Zeit, z. B. das Verdunsten von Wasser in der Sonne. Will man solche Abläufe in einem Experiment jedoch rekonstruieren, so können manchmal Stunden ins Land gehen. Das überfordert die größte Experimentier- und Beobachtungsbereitschaft sowohl von Erwachsenen als auch von Kindern. Daher sollten die Versuche maximal 20 bis 30 Minuten in Anspruch nehmen. In den Fällen, in denen sie deutlich schneller ablaufen, bleibt Zeit, mehrere thematisch zusammenhängende Experimente in einer Experimentiereinheit durchzuführen und zu besprechen.

Systematischer Aufbau der Experimente
Bei der Zusammenstellung einer Experimentiereinheit sollte darauf geachtet werden, dass die nachfolgenden Versuche einige Elemente des vorangegangenen Experiments aufgreifen. Durch diese Wiederholung wird,

ähnlich wie durch den Alltagsbezug, eine Verfestigung des bereits Erfahrenen erzielt und zugleich ein erster Eindruck davon vermittelt, dass Naturgesetzlichkeiten nicht nur eine Deutungsmöglichkeit für einzelne Ereignisse bieten. Sie stellen ein Erklärungskonzept dar, das auf eine Vielzahl beobachteter Phänomene übertragbar ist.

Im Praxisteil Teil dieses Buches (S. 54 ff.) wird eine Auswahl an Experimenten vorgestellt, die diese Kriterien erfüllen und die über eine lange Zeit in Kindergärten erprobt wurden. Natürlich sind auch andere Experimente geeignet. Wichtig ist immer, die Versuche zuvor auszuprobieren. Dann zeigt sich oft schon sehr schnell, ob die erforderlichen Materialien wirklich leicht erhältlich sind, oder ob nicht zuvor ein Einkauf beim Chemikalienhandel erforderlich ist. Auch das sichere Gelingen der Experimente kann erprobt werden: Wenn der Probelauf bei Ihnen nicht gelingt, wird er wohl auch in der Hand der Kinder nicht glücken – ersparen Sie ihnen das Misserfolgserlebnis bei den ersten naturwissenschaftlichen Gehversuchen!
Nach unserer Erfahrung erfüllen nur ca. ein Drittel der in den Experimentierbüchern vorgestellten Versuche die Kriterien des sicheren Gelingens!

7.2 Wann, wo, wie und wie oft?

Die folgenden Hinweise sollten lediglich als Empfehlungen verstanden werden. Jede Einrichtung arbeitet nach verschiedenen bewährten Konzepten, ist räumlich unterschiedlich aufgebaut und natürlich sind auch die Kinder – ganz entscheidend beim Experimentieren – in unterschiedlicher Weise an Beobachtung, sinnliche Wahrnehmung und Gruppenarbeit herangeführt.
Bei zahlreichen Kita-Besuchen und -Beobachtungen über viele Jahre hinweg haben sich jedoch einige Vorgehensweisen bewährt:

- Die Experimente sollten im Rahmen der an Vormittagen üblichen *Angebote* durchgeführt werden, wobei die Teilnahme der Kinder *stets freiwillig* sein sollte (sie kommen ohnehin gerne!).

- Es hat sich bewährt, die Experimentiereinheit – falls vorhanden – *im kleineren Gruppennebenraum* durchzuführen, so dass die nicht teilnehmenden Kinder den üblichen Gruppenraum nutzen können. Ansonsten sollte ein anderer separater Raum aufgesucht werden, in dem die Kinder genügend Ruhe finden können, sich auf das Naturphänomen zu konzentrieren. Zudem signalisiert die Durchführung der Versuche in einem anderen Raum bzw. im Gruppennebenraum, dass es sich um etwas Besonderes handelt und bietet zugleich die Gelegenheit, die Experimentiereinheit in Ruhe vorzubereiten.
- Pro Experimentierangebot sollte möglichst *nur ein Experiment* durchgeführt werden, auch wenn es uns Erwachsenen manchmal als zu wenig erscheint und wir dazu neigen, noch ein weiteres Experiment anzubieten. Für die Kinder bietet auch ein noch so einfacher Versuch neben der Geschicklichkeitsübung bei der Durchführung und der sinnlichen Schulung viele Beobachtungsgelegenheiten, die nicht durch ein Zuviel an Angeboten verschüttet werden sollten. Es hat sich gezeigt, dass eine Experimentiereinheit pro Woche, am besten immer zu einer festen Zeit, günstig ist.

7.3 Der vorbereitete Tisch

Es hat sich bewährt, die Experimentiereinheit vorzubereiten, bevor sich die Kinder zusammenfinden. Dazu sollten sämtliche für den Versuch erforderlichen Materialien auf der Mitte eines Tisches – für alle Kinder gut sichtbar – platziert werden. Zur Aufmerksamkeitslenkung dient eine farblich vom Tisch abgesetzte Unterlage, auf die die Experimentiermaterialien gelegt werden. Die Wirkung dieser Unterlage, die aus Papier, Pappe oder einem abwaschbaren Tischset bestehen kann, ist überraschend: Während ohne Einsatz einer solchen Unterlage sämtliche zufällig noch auf dem Tisch befindlichen Materialien –

wie etwa ein Schlüsselbund oder Papierschnipsel – eine Bedeutung für das Experiment erhalten, kann sich der Blick der Kinder mit einer solchen Unterlage ausschließlich auf die Materialien konzentrieren.
Da Kinder ein sehr ausgeprägtes Empfinden für Ästhetik haben, wird die Experimentiereinheit für sie zu einem ästhetischen Genuss, wenn im Wesentlichen saubere, klar strukturierte Gegenstände zum Einsatz kommen, die übersichtlich angeordnet werden.

7.4 Wie viele und welche Kinder?

Was das Alter der Kinder betrifft, so hat sich gezeigt, dass *ab ca. fünf Jahren* ein großes Interesse am Experimentieren besteht und die Kinder zugleich dem Phänomen auf den Grund gehen wollen. Bei jüngeren Kindern kommt gerade letzteres oftmals zu kurz, so dass die Gruppe dadurch heterogen wird. Manche Einrichtungen haben gute Erfahrungen damit gesammelt, die Experimentiereinheiten im Rahmen der Vorbereitung auf die Schule durchzuführen.
Eine Gruppengröße von maximal sechs Kindern ist optimal. Bei zu kleinen Gruppen mit nur zwei oder drei Kindern kommt es häufig nicht zu einem Dialog der Kinder untereinander über Vermutungen zur Deutung des Phänomens. Bei zu großen Gruppen hat das einzelne Kind nicht genügend Zeit, das Experiment in Ruhe selbst durchzuführen.
Lediglich bei behinderten Kindern haben wir inzwischen von Gruppenarbeit Abstand genommen und sind zur Einzelarbeit übergegangen, weil – je nach Behinderung – das Kind sehr viel Aufmerksamkeit benötigt.

7.5 Der Forschertisch

Das Experimentieren in einer Gruppe zu einem bestimmten Zeitpunkt entspricht – bei allem Interesse an Naturphänomenen – bei manchen Kindern nicht dem eigenen Rhythmus, weil evtl. gerade andere Fragen anstehen oder sich die Konzentration auf andere Dinge richtet. Manchmal ist das Interesse an einem Experiment auch so groß, dass ein einmaliges

Durchführen und Beobachten des Naturphänomens bei weitem nicht ausreicht.
Um den Kindern die Möglichkeit zu bieten, die Naturphänomene in ihrem eigenen Rhythmus selbst zu entdecken und den Hintergründen auf den Grund gehen zu können, bietet es sich an, einen so genannten Forschertisch – evtl. gemeinsam mit den Kindern – aufzubauen. Zunächst einmal sollten auf den Tisch all die Dinge platziert werden, die die Neugier der Kinder geweckt haben: Steine unterschiedlicher Größe, verschiedene Metalle, vielleicht ein Magnet, eine Sanduhr etc. Je nach Interesse können diese Dinge in aller Ruhe von den Kindern zu einem selbst bestimmten Zeitpunkt erkundet und einer genauen Beobachtung unterzogen werden.
Auch die Materialien, die bei der Durchführung eines Experiments eingesetzt wurden, sollten nicht fehlen, allerdings sind hierbei unbedingt Einschränkungen zu beachten: Salz und Spülmittel können – in hoher Dosierung eingenommen – für die Kinder gefährlich sein. Auch Teelichter und Feuerzeug sollten den Kindern nicht frei zur Verfügung stehen. Nach eigenen Erfahrungen ist es auch ungeeignet, Speiseöl für das Selbstentdecken der Kinder bereit zu halten, weil es später meistens mit erheblichem Putzaufwand wieder entfernt werden muss.
Es reicht aus, die Materialien auszuwählen, die bedenkenlos auf den Forschertisch platziert werden können, da sie den Kindern eine Erinnerung an das durchgeführte Experiment ermöglichen. Nicht selten nehmen Kinder diese Materialien auch zum Anlass, anderen Kindern von dem Versuch und dem Naturphänomen zu berichten oder aber Modifizierungen des Experiments zu diskutieren.

7.6 Welche Materialien müssen angeschafft werden und wo sind sie erhältlich?

Die Experimente wurden so ausgewählt, dass sie allesamt mit haushaltsüblichen Materialien durchführbar sind. Eine isolierte Aufbewahrung der Versuchsmaterialien in einem Experimentierkasten oder einem eigens dafür vorgesehenen Schrank könnte den Eindruck erwecken, dass naturwissenschaftliche Phänomene nur außerhalb des Alltäglichen zu beobachten wären. Gerade das ist aber nicht der Fall: Öl und Wasser vermischen sich nie – auch und gerade nicht bei einer ganz normalen Salatsoße und Zuckerwürfel können immer in Wasser gelöst werden, nicht nur beim Frühstückstee!

Obwohl in der Regel nur alltägliche Haushaltsmaterialien zum Einsatz kommen sollten, hat es sich für einige Versuche bewährt, einige besondere Materialien aus dem Laborbedarfhandel zu bestellen.

Grundsätzlich sind sämtliche Materialien auch bei einem Laborbedarffachhändler vor Ort erhältlich. Hat man einmal den Weg ausfindig gemacht, hat der Einkauf der Materialien dort den Vorteil, dass man sich die einzelnen Artikel auch einmal im Vergleich anschauen kann; vielleicht gefällt Ihnen ja z. B. ein größeres Schnappdeckelglas besser als ein kleineres. Ist der Weg zum nächsten Laborfachhandel aber zu weit, dann bietet sich eine Sammelbestellung bei der Firma Hedinger an, da bei diesem Lehrmittelanbieter ebenfalls wie beim Laborfachhandel auch kleinere Mengen erhältlich sind.

Aug. Hedinger GmbH & Co. KG
Heiligenwiesen 26
70327 Stuttgart
Tel. 0711/40 20 50
Internet: www.hedinger.de

Die folgenden Artikel und Preise wurden dem Lehrmittel-Gesamtkatalog Chemie und Biologie 2006/07 entnommen:

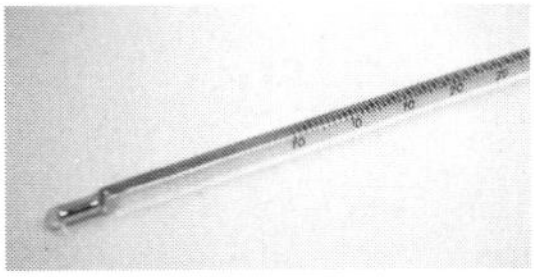

Thermometer -10 … +110° C,
Teilung: 1/1°, Füllung: Alkohol
Hedinger-Katalogseite 199,
Bestellnummer: 500, Preis: 4,80 €

Flaschenlupe
mit Zweilinsendeckel
Hedinger-Katalogseite 384,
Bestellnr.: FL 6, Preis: 3,95 €

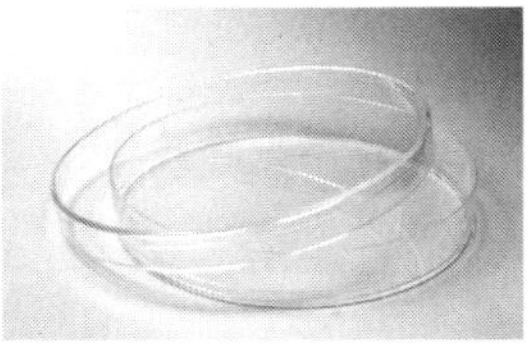

Petrischalen aus Kunststoff, zweiteilig,
Durchmesser: 100 mm, Höhe: 15 mm
Hedinger-Katalogseite 304, Bestellnr.: 1455,
Preis: 0,50 €, ab 20 Stück 0,40 €
wesentlich preiswertere Bezugsquelle: siehe 1

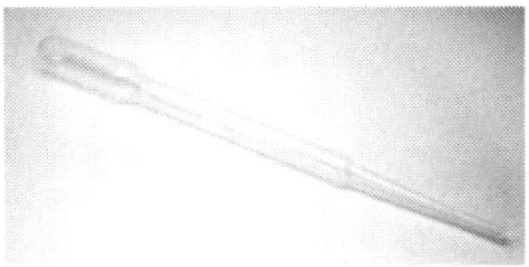

Einmalpasteurpipetten aus Polyethylen
(Packung mit 100 Stück), 3 ml
Hedinger-Katalogseite 60,
Bestellnummer: 7477-60, Preis: 7,45 €

Pillenglas mit Schnappdeckel, 20 ml
Hedinger-Katalogseite 307,
Bestellnummer 174, Stückpreis: 0,50 €
wesentliche preiswertere Bezugsquelle,
siehe. 2

Reibschale (Mörser) mit Pistill,
Durchmesser = 100 mm
Hedinger-Katalogseite 307,
Bestellnummer 1887, Preis: 25,90 €
wesentlich preiswertere Bezugsquelle:
siehe 3

Natriumhydrogencarbonat DAB, PZ, 1 kg
Hedinger-Katalogseite 31, Bestellnummer: 17105, Preis: 5,50 €

Ethanol absolut, vergällt, 1 Liter
Hedinger-Katalogseite 27, Bestellnummer: H53, Preis: 10,60 €

Glycerin 85 %, Pharmaqualität, 1 Liter
Hedinger-Katalogseite 28, Bestellnummer: 17073, 13,25 €

Alternative Bezugsquelle 1

Carl Roth GmbH + Co. KG
Schoemperlenstraße 3–5
76185 Karlsruhe
Tel. 0721/56060
Internet: www.carl-roth.de

Rotilabo-Petrischalen aus Polystyrol, 600 Stück
Roth-Katalogseite 126, Bestellnummer: N222.1, Preis: 72,00 €

Alternative Bezugsquelle 2

VWR International GmbH
Hilpertstr. 20 a
642905 Darmstadt
Tel. 06151/39720
Internet: www.vwr.com

Schnappdeckelglas mit Deckel aus PE, 20 ml, 200 Stück
Artikelnummer 548-0621, Preis 18,94 €

Schnappdeckelglas mit Deckel aus PE, 20 ml, 200 Stück
Artikelnummer: 548-0623, Preis 23,18 €

Alternative Bezugsquelle 3

Ikea
Internet: www.ikea.de
VICKNING, Mörser mit Stößel
Preis: 3,99 €

Superabsorber (für Saugfähigkeitsversuch):

Eigentlich reicht es aus, wenn man die weißen Kügelchen aus einer Windel herauslöst, was für die Kinder auch den größten Alltagsbezug hat. Wenn dies zu mühsam ist, so können die Superabsorber über folgende Bezugsquelle – allerdings nur in großen Mengen – erworben werden:

Stockhausen GmbH
Bäkerpfad 25
47805 Krefeld
Tel. 02151/3801

Superabsorber Favor SXM 9145, Polyfass mit 80 kg, Preis: 153,12 €

Eine solche Menge macht sicherlich nur Sinn, wenn sich gleich mehrere Einrichtungen an der Bestellung beteiligen.
Manchmal ist die Fa. Stockhausen auch bereit, kleinere Mengen abzugeben, aber dies muss im Einzelfall ausgehandelt werden.

8. Experimente für die Praxis

8.1 Luft ist nicht nichts!

Worum es geht

Luft ist eines der Elemente, das uns ständig umgibt, ja sogar umgeben muss, denn sie ist für uns lebenswichtig. Ihre Bedeutung kommt auch umgangssprachlich zum Ausdruck: Wir leben in seltenen Fällen ‚von Luft und Liebe', manchmal ist jemand ‚Luft für uns', wir gehen ‚in die Luft', wenn wir uns über etwas ärgern, und wir gehen nach draußen, um ‚frische Luft' zu schnappen.
Obwohl Kinder im Kindergartenalter schon recht gut zwischen fest und flüssig unterscheiden können und ihnen somit die beiden Aggregatzustände fest und flüssig wohl vertraut sind, ist ihnen der gasförmige Aggregatzustand häufig noch unbekannt. Trotz der vielen Phänomene, die sie in ihrer Umgebung aufgrund nicht sichtbarer Gase wahrnehmen – sei es als Wind, als Blubbern des eigenen Atems durch einen Strohhalm in einem Glas Wasser oder als Kohlensäure (genauer Kohlenstoffdioxid) in der Limonade – für Vorschulkinder ist Luft oft nichts und wenn sie überhaupt irgendwo vorkommt, dann draußen, dort, wo eben die frische Luft ist. Sprachlich werden solche kindlichen Vorstellungen noch verstärkt, indem wir ein Glas oder eine Flasche als leer bezeichnen, wenn sich darin keine Flüssigkeit befindet. Es ist halt nicht üblich, dass wir sagen ‚Gib mir mal die mit Luft gefüllte Flasche', wenn eine leere Flasche gemeint ist ...

Was wichtig ist

In diesem ersten Experiment sollen die Kinder Luft als Gas sinnlich begreifen und erfahren, dass sie nicht nichts ist, sondern einen Raum einnimmt, wie jeder andere Stoff auch. Zudem wird in diesem Versuch deutlich, dass dort, wo Luft ist und nicht entweichen kann, kein anderer Stoff – z. B. Wasser – Platz findet.

Es hat sich zudem bewährt, bei der Heranführung der Kindergartenkinder an Naturphänomene mit diesem Experiment zu beginnen, weil es in der Durchführung sehr einfach ist und von wirklich jedem Kind nachvollzogen werden kann.
Schließlich können mit Hilfe dieses Experiments sehr anschaulich kausale Wenn-dann-Beziehungen verdeutlicht werden, die für das Verständnis von Phänomenen der unbelebten Natur fundamental sind und die von Kindern am Ende der Kindergartenzeit in der Regel schon gut nachvollzogen werden können (vgl. Kap. 3.2).

Was man machen kann

Gerade beim ersten Experiment ist ein kindgerechter Einstieg in Form einer Geschichte wichtig, bei der die Kinder aufgefordert werden, Lösungsvorschläge zu entwickeln. Die Geschichte könnte etwa folgendermaßen erzählt werden:

Zwei kleine Gummibärchen, Nanu und Wusch, möchten unter Wasser tauchen, ohne nass zu werden. Die Gummibärchen sollten in der Geschichte einen Namen bekommen, damit sich die Kinder besser mit ihnen identifizieren können. Die Begründung dafür, dass die beiden Gummibärchen nicht nass werden wollen, ist für Kinder nachvollziehbar: Sie werden klebrig.

Eingesetzte Materialien

1 große durchsichtige Salatschüssel, etwa zur Hälfte mit Wasser gefüllt
1 Trinkglas, mit Wasser gefüllt
1 Trinkglas, ‚leer' bzw. mit Luft gefüllt
2 Gummibärchen
1 Serviette
1 Aluminiumgehäuse eines Teelichts
1 Wattebausch oder ein anderer saugfähiger Stoff zum Auslegen des Aluminiumbehälters

Durchführung

Wie auch bei allen folgenden Experimenten werden die Kinder aufgefordert, die auf dem Tisch vorbereiteten Materialien genau zu benennen. Neben der damit verbundenen Sprachförderung wird zudem eine erste Auseinandersetzung mit den Gegenständen erzielt, die evtl. zu einer Lösung des Gummibärchen-Wunsches beitragen können.
Nun folgt die wichtige Phase der Problemlösungsvorschläge der Kinder: Taucheranzug kaufen? Gummibärchen in etwas einwickeln? Wasser aus der Schüssel weggießen und die Gummibärchen unten auf den Grund der Schüssel legen? Es ist immer wieder erstaunlich, mit welch kreativen Vorschlägen die Kinder auf das Problem eingehen. Wenn zeitlich möglich, sollten die Ideen der Kinder in Probeversuchen ohne Gummibärchen erprobt und die Gründe für das Scheitern kurz diskutiert werden.

Erfahrungsgemäß wird von Kindern noch nicht die Möglichkeit in Betracht gezogen, das leere, also mit Luft gefüllte Glas als Taucherglocke zu verwenden. Deshalb sollten die Kinder zunächst das Glas mit der Öffnung nach unten senkrecht in die mit Wasser gefüllte Salatschüssel halten – die Glas-Innenwand bleibt trocken! Dann werden Luftblasen erzeugt, indem das vermeintlich leere Glas unter Wasser leicht schräg gehalten wird. Woraus bestehen die Blasen?

Schließlich wird eine Serviette fest unten auf den Boden des Glases gestopft, so dass sie nicht herausfallen kann. Dann wird das Glas mit der Öffnung nach unten in die Salatschüssel getaucht – die Serviette bleibt trocken!

Nach diesen Vor-Versuchen kommen manche Kinder auf die Lösung, das Teelicht mit den beiden Gummibärchen auf das Wasser der Salatschüssel zu setzen und das leere Glas über das Teelicht zu halten und nach unten zu tauchen.

Beobachtung

Hat man das Teelicht zuvor sorgfältig mit Watte ausgekleidet – schließlich sollen es die beiden Gummibärchen bequem haben – dann wird besonders gut deutlich, dass kein Wasser in das Boot eindringt. Die Gummibärchen tauchen, ohne nass zu werden.

Deutung

Was ist wohl in dem ‚leeren' Glas? Die Erzeugung der Luftblasen lässt ahnen, dass etwas in dem Glas ist – nämlich Luft. Woher sollten die Luftblasen denn auch sonst herkommen? Mit dieser Überlegung ist eine erste kausale Deutung einer Naturbeobachtung vollzogen: Die Blasen, die aus dem Wasser der Salatschüssel aufsteigen, bestehen aus Luft, und diese muss vorher in dem vermeintlich leeren Glas gewesen sein.
Warum wird die Serviette im Glas nicht nass, wenn man das Glas mit der Öffnung nach unten unter Wasser taucht, warum benetzt die Glas-Innen-

wand nicht und schließlich – warum bleiben die beiden Gummibärchen so zuverlässig trocken?
Alle Dinge nehmen einen Raum ein: Die Salatschüssel, das Wasser in der Schüssel, der Tisch, auf dem sie steht, aber auch die Kinder, die gerade das Experiment durchführen. Wenn die Dinge nicht verdrängt werden können, kann auch nichts anderes diesen Raum einnehmen: Dort, wo gerade ein Kind steht, kann sich nicht gleichzeitig ein anderes Kind befinden. Das gelingt nur dann, wenn das erste Kind woanders hingeht, also entweicht und den Raum freigibt.
Auch Luft nimmt einen Raum ein. Wenn sie entweicht und etwa in Form von Luftblasen aus dem Wasser aufsteigt, dann kann ein anderer Gegenstand – Wasser – nachrücken. Ist sie aber im Glas ‚gefangen', weil es senkrecht in das Wasser der Salatschüssel gestellt wird, kann kein Wasser nachrücken – vor Wasser geschützt bleibt das Boot in der Taucherglocke liegen.

8.2 Luft zum Umfüllen

Worum es geht

Kindern ist vertraut, dass Gegenstände umgefüllt werden können, z. B. Limonade aus einer Flasche in ein Glas oder Sand aus dem Sandkasten in einen Eimer. Wenn Luft wie alles andere Materielle einen Raum einnehmen kann, dann müsste sie auch umgefüllt werden können. Aber wie kann das gelingen? Indem man ein Glas mit Luft über ein anderes Glas mit Luft hält? Indem man die Luft in ein mit Wasser gefülltes Glas umfüllt? Oder indem man die Luftblasen abfängt, die in einer mit Wasser gefüllten Salatschüssel aus einem schräg gehaltenen, mit Luft gefüllten Glas entweichen ...?

Was wichtig ist

Der folgende Versuch knüpft an die neu erworbenen Erfahrungen des ersten Experiments an, wiederholt das Beobachtete und erweitert die Erkenntnisse über Luft, die soviel mehr ist als eben nur nichts.

Was man machen kann

Zum Einstieg des Versuchs könnten wieder die beiden Gummibärchen um eine Problemlösung bitten: Ein Gummibärchen hat sein Glas mit Wasser gefüllt, das andere Gummibärchen hat ein mit Luft gefülltes Glas. Nun möchte der erste gerne die Luft aus dem Glas des anderen in seinem Glas haben – aber er ist nicht bereit, sein Glas einfach zu tauschen. Ob die Kinder ihm helfen können?

Eingesetzte Materialien

1 große durchsichtige Salatschüssel, etwa zur Hälfte mit Wasser gefüllt
1 Trinkglas, mit Wasser gefüllt
1 Trinkglas, ‚leer' bzw. mit Luft gefüllt

Durchführung

Die Kinder werden wieder verschiedene Lösungsvorschläge entwickeln: Das mit Luft gefüllte Glas über das Glas mit Wasser halten. Das mit Wasser gefüllte Glas ausgießen – aber strömt dann die Luft aus dem anderen Glas nach?
Gerade zu Beginn der Experimentierreihe bietet es sich an, den vorigen Versuch noch einmal zu wiederholen. Das Erzeugen der Luftblasen hat hier eine besondere Bedeutung: Luft entweicht aus dem ‚leeren' Glas und Wasser kann nachströmen. Gibt es eine Möglichkeit, die Luftblasen wieder einzufangen, bevor sie aus dem Wasser entweichen?

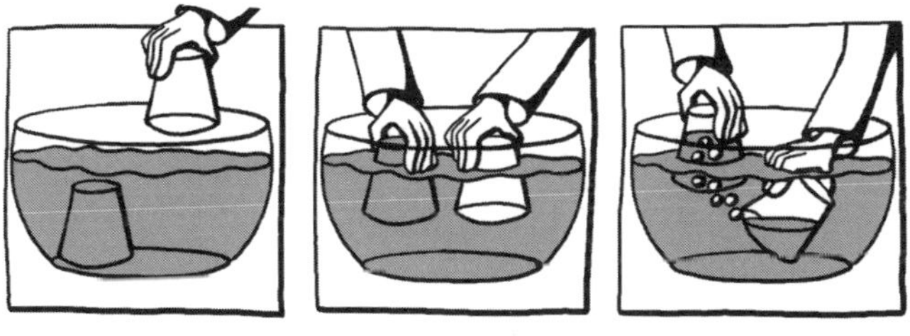

Das mit Wasser gefüllte Glas wird in die Salatschüssel gelegt (wobei sich natürlich das Wasser mit dem der Salatschüssel ein wenig vermischt) und dann vorsichtig mit der Öffnung nach unten senkrecht aus dem Wasser gezogen (die Öffnung muss dabei ständig unter Wasser bleiben, denn ansonsten würde das Glas ja auslaufen). Nun wird das zweite ‚leere' Glas schräg unter die Öffnung des mit Wasser gefüllten Glases gehalten: Nach und nach steigen die Luftblasen in das Glas nach oben und verdrängen das Wasser. Nach einiger Zeit und mit etwas Geschick ‚leert' sich allmählich das Wasserglas und wird mit Luft gefüllt.

Deutung

Luft ist viel leichter als Wasser (genauer: hat eine geringere Dichte; Dichte ist definiert als Masse pro Volumen) und steigt auf. Wenn sie in ein mit Wasser gefülltes Glas geleitet wird, so steigt sie in dem Glas bis nach oben; das Wasser wird dabei sichtbar verdrängt. Es gelingt dagegen nicht, Luft wie Limonade in ein anderes Glas zu gießen, da sie eine zu geringe Dichte hat und – sie müsste schwerer als die im Glas befindliche Substanz sein. Fazit: Alle gasförmigen, leichten Stoffe können nur unter Wasser oder einer anderen Flüssigkeit umgefüllt werden.

8.3 Luft dehnt sich beim Erwärmen aus

Worum es geht

Jeder Gegenstand, jede Materie, hat Eigenschaften: etwa eine bestimmte Farbe, ein Gewicht, ein charakteristisches Aussehen etc. Dass auch Luft Eigenschaften hat, ist zunächst schwer einzusehen, ist sie doch farb*los*, geruch*los* und vor allem *un*sichtbar. Wenn Luft aber nicht nichts ist, dann muss sie auch Eigenschaften haben, die im folgenden Versuch sichtbar gemacht werden.

Was wichtig ist

Die Ausdehnung von Luft durch Erwärmen ist eine der wesentlichen Voraussetzungen für das Wettergeschehen und den Wasserkreislauf: Luft erwärmt sich durch Sonneneinstrahlung oder durch die vom Meer abgestrahlte Wärme und dehnt sich aus, d. h. zugleich, warme Luft hat eine geringere

Dichte als kalte Luft; deshalb steigt sie auf. Die in ihr enthaltene Luftfeuchtigkeit wird mit nach oben transportiert. In den höheren Luftschichten kühlt sich die Luft ab, die Luftfeuchtigkeit kondensiert, es bilden sich Wolken und es regnet. Auch in einem beheizten Raum kann das Aufsteigen von Luft – etwa oberhalb einer Heizung – beobachtet werden, indem Papierstreifen mit einem Ende an der Fensterbank angebracht werden und das lose Ende nach unten hängt: Sie flattern aufgrund der aufsteigenden Luft.

Was man machen kann

Gibt es eigentlich eine Möglichkeit, in einen Luftballon Luft zu bekommen, ohne ihn aufzublasen oder aufzupumpen? Kann der Luftballon anschließend wieder schrumpfen, ohne dass wir die Luft nach draußen entweichen lassen?

Ein Gummibärchen möchte einen Luftballon aufblasen, hat aber einen zu kleinen Mund, um so viel Luft holen zu können. Gibt es eine andere Möglichkeit?

Eingesetzte Materialien

1 große Glasflasche – mit Luft gefüllt
1 Luftballon
1 hohe Plastikschüssel mit sehr warmem Wasser
1 hohe Plastikschüssel mit sehr kaltem Wasser (evtl. Eiswürfel hineingeben)

Durchführung

Zunächst wird über die Öffnung der ‚leeren' Flasche ein Luftballon gestülpt, so dass die Flasche verschlossen ist. Anschließend wird die Flasche in die mit warmem Wasser gefüllte Plastikschüssel gehalten. Die Schüssel sollte möglichst hoch sein, damit die Flasche tief in das Wasser versinken kann. Sie muss mit beiden Händen festgehalten werden, damit sie wegen ihrer Leichtigkeit nicht umkippen kann.

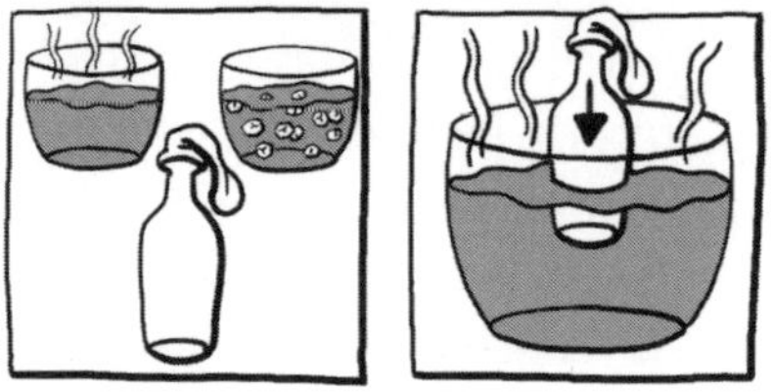

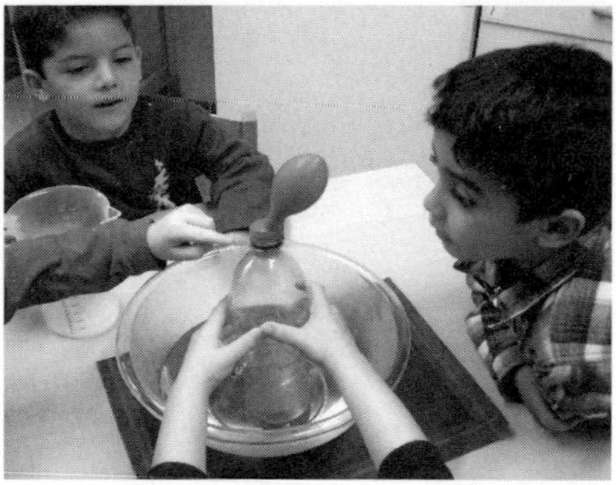

Beobachtung

Schon bald dehnt sich der Luftballon ein wenig aus. Stellt man die Flasche anschließend in eine Schüssel mit eiskaltem Wasser, dann schrumpft der Ballon schnell wieder zusammen.

Deutung

Das warme Wasser erwärmt die Luft in der Flasche. Diese dehnt sich dabei aus und strömt von der Flasche in den Ballon. In kaltem Wasser zieht sich die Luft wieder zusammen. Der Ballon schrumpft, weil die Luft zurück in die Flasche strömt.

8.4 Wozu wir Luft brauchen

Worum es geht

Die meisten Gegenstände haben einen Sinn, sind für etwas nützlich und werden irgendwie gebraucht: ein Stuhl, um darauf sitzen zu können, Wasser, um es trinken zu können, ein Teddybär, um ihn drücken und mit ihm sprechen zu können. Und was ist mit der unsichtbaren, farb- und geruchlosen Luft? Wird sie von uns benötigt oder ist sie nutzlos und einfach nur da? Ohne Luft könnten Vögel und Schmetterlinge nicht fliegen; auch Flugzeuge benötigen die Luft, damit sich ihre ‚Flügel' darin abstützen können. Luft trägt! Deshalb schwebt ein Blatt Papier langsam zu Boden und fällt nicht senkrecht herunter wie ein Stein.
Luft benötigen wir zum Atmen. Wir atmen sie ständig ein und aus. Gut,

dass Luft überall ist und nicht nur draußen und in ‚leeren' Flaschen und ‚leeren' Gläsern!

Was wichtig ist

Auch wenn es möglicherweise strittig ist, ob Kinder schon im Elementarbereich an den Umgang mit einer Kerze herangeführt werden sollen (NRW betont in seinem Bildungsplan ausdrücklich, dass Kinder möglichst nicht eigenständig eine Kerze anzünden sollten) – wenn es um das *Löschen* einer Kerze geht, ist es eigentlich unzweifelhaft, dass dieses letztlich eine Prävention darstellt! Bei den folgenden Versuchen stehen verschiedene Möglichkeiten des Löschens einer Kerze im Vordergrund. Da es sich dabei um wenig aufwändige Experimente handelt, hat es sich bewährt, die folgenden Versuche in *einer* Experimentiereinheit durchzuführen.

Was man machen kann

Welche Möglichkeiten bieten sich, eine Kerzenflamme zu löschen, ohne zu pusten? Da der naturwissenschaftliche Hintergrund für die Deutung des Erlöschens einer Kerze durch Pusten sehr schwierig ist, sollte auf diese Variante, die ohnehin allen Kindern geläufig ist, verzichtet werden. Etwa durch folgenden Einstieg:

Ein Gummibärchen möchte seine Kerze löschen, kann sie aber nicht auspusten, weil es viel zu klein ist, um genügend Luft zu holen.

Dieses Experiment soll verdeutlichen, wofür Luft benötigt wird, nämlich zum Brennen einer Kerze. Wenn zu wenig Luft vorhanden ist, erlischt die Kerzenflamme.

Eingesetzte Materialien

1 Glas mit Wasser gefüllt
1 Glas mit Luft gefüllt
mehrere Teelichter
1 Glasschälchen
Feuerzeug

Durchführung

Zunächst wird der vorige Versuch kurz wiederholt und dabei in Erinnerung gerufen, dass in einem ‚leeren' Glas nicht nichts sein kann, wenn sich etwas beim Erwärmen ausdehnt, sondern Luft sein muss. Nun ist folgender Hinweis hilfreich, bevor die Kinder Lösungsmöglichkeiten für das Löschen einer Kerze entwickeln: Eine Kerze benötigt zum Brennen Luft. Wenn keine Luft mehr da ist, erlischt sie. (Dieser Hinweis ist ein gutes Beispiel dafür, dass Instruktion oftmals erforderlich ist, um entdeckendes Lernen zu fördern. Durch die verwirrende sprachliche Formulierung ‚Luft holen, um zu pusten' ist den Kindern ansonsten der Zusammenhang zwischen Löschen und Luftentzug unerklärlich und womöglich niemals durch entdeckendes Lernen zugänglich!)
Was geschieht wohl, wenn ein Glas über das brennende Teelicht gestülpt wird. Die Kinder können Prognosen darüber abgeben, ob die Kerze direkt erlischt, nicht erlischt oder ob sie allmählich erlischt. In der Regel wird die letzte Möglichkeit nur selten genannt, weil das *Prozesshafte*, also die Tatsache, dass *in der Natur die Vorgänge in einer gewissen Zeit* ablaufen, noch nicht so geläufig ist.
Die Prognosen können nun durch die Kinder experimentell überprüft werden. Das ‚leere' Glas wird über das brennende Teelicht gestülpt, das sich in dem Glasschälchen befindet.

Beobachtung

Die Kerzenflamme erlischt ganz allmählich. Wenn man genau hinguckt, kann man erkennen, dass das Glas von innen beschlägt! Aus dem Docht entweicht ein ‚Rußfaden' nach oben.

Und wenn man Wasser über die Flamme gießt? Dann erlischt die Flamme ganz schnell, denn das Wasser verhindert unmittelbar, dass weitere Luft zur Verbrennung zur Verfügung steht. (Bei der Überprüfung des Kerzenlöschens mit Wasser wird der Docht feucht, so dass er nicht mehr angezündet werden kann. Deshalb sollten mehrere Ersatzteelichter bereitgestellt werden.)

Deutung

Die Kerze braucht zum Brennen Luft. Stellt man ein mit Luft gefülltes Glas über die Kerzenflamme, dann erlischt sie allmählich, weil sie nach und nach die Luft ‚auffrisst'. Soweit die kindgerechte Deutung, aber für uns lohnt es sich, einmal länger bei dem Experiment zu verweilen:

> Was geschieht da eigentlich ganz genau? Das Teelicht wird am Baumwolldocht angezündet – Wachs kann man nämlich gar nicht so leicht anzünden! Der Docht brennt und erwärmt den Wachs, der sich verflüssigt. Flüssiger Wachs wird vom Docht angesaugt und er steigt nach oben in die Flamme. Dort wird er gasförmig und reagiert mit dem Sauerstoff der Luft zu Wasser und Kohlenstoffdioxid – genau den beiden Stoffen, mit denen sich unsere Atemluft angereichert hat, wenn wir ausatmen. Den kondensierten Wasserdampf können wir an der Glasinnenwand genau beobachten. Und woher kommt der Rußfaden, der aus dem Docht aufsteigt? Ruß ist nicht verbrannter Kohlenstoff. Da die Kerzenflamme erloschen ist und auch kein weiterer Luftsauerstoff zur Verfügung steht, kann der Wachsdampf, der sich bereits im Docht befindet, nicht weiter verbrennen. Er entweicht als Ruß.

Erweiterung der Experimentiereinheit
Unter welchem Glas erlischt eine Flamme schneller – unter einem großen oder unter einem kleinen Glas?

Eingesetzte Materialien

> 2 Teelichter
> 2 Glasschälchen
> 2 Gläser unterschiedlicher Größe
> Feuerzeug

Durchführung

Nachdem jedes Kind eine Prognose abgegeben hat, unter welchem Glas das Teelicht schneller erlischt, werden die beiden Gläser von zwei Kindern gleichzeitig über die brennenden Teelichter gehalten. Soweit das Zählen von Kinder schon beherrscht wird, können die verstreichenden Sekunden bis zum Erlöschen der Flammen abgezählt werden: „Eins, zwei, drei ..." Unter dem kleinen Glas erlischt die Flamme deutlich schneller.

Deutung

In dem großen Glas ist mehr Luft, die die Kerze zum Verbrennen zur Verfügung hat.
Mit dieser Methode des Kerzenlöschens können auch Gläser mit unterschiedlichem Rauminhalt in ihrer Größe verglichen werden: Dauert es doppelt so lange, bis eine Kerze erlischt, ist das Glas doppelt so groß wie das vergleichbare.

Noch eine weitere Beobachtung beim Kerze-Löschen ...
Das folgende Experiment verdeutlicht, dass nur ein Teil der Luft mit der Kerze reagiert – der Sauerstoff. Naturwissenschaftlich betrachtet steckt aber noch viel mehr dahinter ...

Eingesetzte Materialien

1 Glasschälchen, das gut mit Wasser gefüllt ist
1 hohes Glas mit einem kleinen Durchmesser
1 Teelicht
Feuerzeug

Durchführung

Das Teelicht wird auf die Oberfläche des Wassers gestellt und angezündet. Nun wird von den Kindern das hohe Glas mit der Öffnung nach unten so über das Teelicht gehalten, dass die Öffnung gerade eben ins Wasser eintaucht, so dass keine Luft von unten nachströmen kann.

Die Kerze erlischt und ganz plötzlich steigt der Wasserspiegel an.

Deutung

Die Deutung der vorigen Experimente hat verständlich gemacht, weshalb die Kerzenflamme erlischt – weil die Luft, oder genauer: der Sauerstoff fehlt. Warum steigt aber der Wasserspiegel an – und das auch noch so plötzlich? Didaktisch vereinfacht kann man folgende Deutung anbieten: Die Kerzenflamme benötigt nicht die ganze Luft zum Brennen, sondern nur einen ganz bestimmten Stoff, der in der Luft zu etwa einem Viertel enthalten ist: Sauerstoff. Wenn er verbraucht ist, rückt Wasser nach, denn ein ‚Nichts', ein Vakuum, gibt es in der Natur nicht.

Wissenschaftlich korrekter, aber auch deutlich komplizierter ist folgende Erklärung:
Luft ist ein Gemisch aus rund 21% Sauerstoff, ca. 78% Stickstoff und noch einiger anderer Gase. Zum Brennen benötigt die Kerze nur den Sauerstoff. Dieser wird dabei aber nicht ‚aufgefressen' und ist weg, sondern er wandelt sich mit dem Kerzenwachs in einer chemischen Reaktion in Kohlenstoffdioxidgas und Wasser um.
Wenn nun der Sauerstoffanteil im Glas sinkt, erlischt die Kerze, wobei die Luft im Glas ganz plötzlich abkühlt, denn schließlich ist die Heizquelle weg. Dabei zieht sich die Luft im Glas zusammen. Es entsteht kurzzeitig ein Unterdruck, der durch das einströmende Wasser ausgeglichen wird. Es gibt noch einen zweiten Grund für den Anstieg des Wasserspiegels im Glas: Im Unterschied zu Sauerstoff kann sich Kohlenstoffdioxid besonders gut im Wasser lösen. Das Gas beansprucht daher nicht so viel Raum im Glas, so dass auch aus diesem Grund das Wasser nachströmen kann.

8.5 Ein selbst gebauter Feuerlöscher

Worum es geht

Bei den vorigen Experimenten haben die Kinder Luft als Gas kennen gelernt und erfahren, dass Luft für die Verbrennung benötigt wird. Wird einer Kerzenflamme die Luft entzogen, erlischt sie. Aber so wie es unterschiedliche Flüssigkeiten gibt – etwa Wasser oder Öl – und unterschiedliche Feststoffe, z. B. Sand, Salz, Zucker oder Steine, so gibt es auch verschiedene Gase mit unterschiedlichen Eigenschaften.

Was wichtig ist

Das folgende Experiment kombiniert die Erfahrungen der letzten Versuche und bietet den Kindern die Gelegenheit, ihre neu erworbenen Kenntnisse anzuwenden und Schlussfolgerungen für die Deutung zu ziehen.

Was man machen kann

Methodisch kann dieses Experiment – anders als die vorigen, die durch eine Geschichte eingeführt wurden und bei denen Prognosen über den Ausgang des Versuchs angestellt wurden – als Experiment mit überraschendem Ausgang eingeführt werden und dazu genutzt werden, die Kinder in Staunen zu versetzen. Lernpsychologisch gesehen ist das Staunen ein ganz entscheidender Motor, um sich mit einem Sachverhalt auseinander zu setzen und die Hintergründe zu erfahren.

Eingesetzte Materialien

1 Teelicht
1 Glasschälchen
Feuerzeug
1 Glas
1 Teelöffel
Backpulver (Natriumhydrogencarbonat)
Essig

Durchführung

Zunächst wird das Teelicht in das Glasschälchen gestellt und angezündet. Backpulver, oder das wesentlich preiswertere in der Apotheke erhältliche Natriumhydrogencarbonat, ist ein schneeweißes Pulver. Es unterscheidet sich äußerlich kaum von Mehl oder Puderzucker. Essig hat das Aussehen von Wasser oder von Apfelsaft – erst recht, wenn man ihn in eine nicht für Essig typische Flasche abfüllt.
Was geschieht wohl, wenn man die Flüssigkeit auf den Feststoff gießt? Würde es sich um Mehl und Wasser handeln, entstünde vermutlich ein weißer, trüber Brei.
Um die Prognosen zu überprüfen, wird etwa ein halber Teelöffel Backpulver in ein Glas gegeben und ca. 2 Esslöffel Essig zum Backpulver hinzugefügt. Es bildet sich ein weißer Schaum, also ein Gas in einer Flüssigkeit. Daher kann es sich bei den beiden Ausgangsstoffen wohl kaum um Wasser und Mehl handeln.

Hält man nun vorsichtig das Glas mit dem Schaum schräg über ein in einem Glasschälchen befindliches brennendes Teelicht, dann erlischt die Teelichtflamme ganz plötzlich.

Deutung

Da eine Kerze erlischt, wenn sie keine Luft mehr zur Verfügung hat, kann es bei diesem Experiment wohl keine Luft gewesen sein, die über die Kerzenflamme gegossen wurde! Außerdem muss es sich um ein Gas handeln, dass schwerer ist als Luft, denn sonst könnten wir es nicht über eine Kerzenflamme ausgießen. Häufig sind Kinder bereits in der Lage, diese Überlegungen zum überraschenden Ausgang des Experiments

anzustellen. In der Regel können sie aber noch nicht erschließen, um welches Gas es sich dabei handelt und hier ist es notwendig, Hilfestellungen zu geben:
Backpulver reagiert mit Essig und es bildet sich dabei Kohlenstoffdioxid. Dieses ist deutlich schwerer als Luft und sinkt daher auf den Grund des Glasschälchens, in dem sich das brennende Teelicht befindet. Je mehr Kohlenstoffdioxidgas in das Schälchen gelangt, umso mehr Luft wird nach oben verdrängt. Wenn das Kohlenstoffdioxidgas die Teelichtflamme erreicht hat, schließt es diese von der Luft ab, so dass sie erlischt.

Immer wenn ein Carbonat (so wie auch Natriumhydrogencarbonat bzw. Backpulver) mit einer Säure zusammenkommt, entwickelt sich Kohlenstoffdioxid. Carbonate kommen in der Natur sehr häufig vor: Marmor, die Dolomiten, der Kölner Dom, unsere Knochen und ein Großteil unserer Zähne bestehen aus Carbonaten. Gelangt nun eine Säure an diese Stoffe, wird immer Kohlenstoffdioxid freigesetzt. Deshalb sollte man immer die Zähne putzen, nachdem man Zitronensaft getrunken hat und niemals mit Essigwasser Marmorplatten reinigen.
Auch die Schale eines Hühnereis besteht aus Carbonat. Was geschieht wohl, wenn man ein Ei in Essigwasser legt? Diesem Experiment widmen wir uns auf S. 102 ff.

8.6 Was löst sich in Wasser, was nicht?

Worum es geht

Dass sich bei einem heftigen Regen die asphaltierte Straße und die Häuser nicht auflösen, ist für uns selbstverständlich. Auch ein Regenschirm, Gummistiefel und Bäume lösen sich gewöhnlich nicht in Wasser auf. Ein Stein in einem Flussbett kann tausende von Jahren von Wasser umspült werden, ohne dass er sich auflöst, allenfalls werden seine Ecken und Kanten ein wenig abgerundet. Anders dagegen verhält es sich mit Salz und Zucker.

Was wichtig ist

Zucker im Tee und Salz in der Suppe sind nach einiger Zeit nicht mehr sichtbar und geben der Flüssigkeit den gewünschten Geschmack. Aber was löst sich eigentlich schneller auf – das Salz oder der Zucker? Lösen sich beide nur in warmem oder heißem Wasser auf oder gelingt es auch in kaltem Wasser? Über die Selbstverständlichkeit und Zuverlässigkeit der Wasserlöslichkeit von Salz und Zucker und vieler anderer Stoffe vergessen wir oft, dass dahinter ein naturwissenschaftliches Phänomen steckt.
Der folgende Versuch gehört eng mit dem nachfolgenden Versuch zusammen; beide sollten aber nicht an einem einzigen Experimentiertag durchgeführt werden, weil durch die Fülle an verwendeten Gläsern schnell die Übersicht verloren gehen kann.
Als Einstieg bietet sich folgende Geschichte an:

Unsere beiden unternehmungslustigen und uns inzwischen schon vertrauten Gummibärchen möchten sich ein Haus bauen, in dem sie Schutz finden und es sich gemütlich machen können. Am liebsten würden sie es sich aus Zuckerwürfeln bauen: Sie lassen sich gut stapeln und außerdem könnte man hin und wieder auch mal dran schlecken ... Aber da stutzen die beiden auch schon: Wenn sie am Zucker schlecken können und es auf der Zunge süß schmeckt, ist er dann nicht wasserlöslich? Was passiert dann mit dem Haus, wenn es regnet? Wäre ein Haus aus Salz vielleicht stabiler, oder vielleicht ein Haus aus Steinen? Vielleicht können die Kindergartenkinder wieder einmal weiterhelfen?

Was man machen kann

a) Löslichkeit in kaltem Wasser

Eingesetzte Materialien

1 große Glaskanne mit kaltem Wasser
für jedes Kind einen kleinen Stein (am besten selbst gesucht)
für jedes Kind einen Zuckerwürfel
Kochsalz
Löffel
mehrere Gläser
eine dunkle Unterlage, falls der Tisch hell ist

Durchführung und Beobachtung

Jedes Kind erhält drei Gläser und wird aufgefordert, diese mit kaltem Wasser etwa zur Hälfte zu füllen. Was löst sich wohl in kaltem Wasser? Die Kinder können dazu Prognosen abgeben und diese dann im Experiment überprüfen, indem sie ihren Stein in ein Glas geben, einen Zuckerwürfel in das nächste und schließlich die dem Zuckerwürfel entsprechende Menge Salz in das dritte Glas. Nun wird genau beobachtet. Manchmal steigen aus dem Stein und dem Zucker Luftblasen auf, die sich zuvor in den Poren befunden haben. Ansonsten bleibt der Stein unverändert und löst sich nicht, der Zuckerwürfel wird allmählich zuerst an den Ecken, dann an den Kanten, schließlich an den Flächen aufgelöst, bis er schließlich in sich zusammenfällt. Es dauert dann noch einmal eine ganze Weile, bis der Zucker am Glasboden nach und nach ganz aufgelöst wird. Das Salz trübt das Wasser, aber es scheint sich auch nach langer Zeit kaum zu lösen. Da eine Wassertrübung ein sicheres Zeichen dafür ist, dass der Stoff nicht gelöst ist, denn nur bei einer vollständigen Lösung erscheint das Wasser klar, ergibt sich folgendes Resultat: Der Stein löst sich nicht, das Salz löst sich nur ganz langsam, was in der Beobachtungszeit kaum sichtbar ist (Vorschlag: Versuch auf einem ‚Forschertisch' fortführen), der Zucker löst sich, aber es dauert sehr lange.

Unser Rat für die Gummibärchen: Mit Steinen sind sie beim Hausbau auf der sicheren Seite. Bei Dauerregen könnte sich ein Haus aus Salz und vor allem eines aus Zucker allmählich auflösen. Vielleicht entdecken die Kinder ja noch weitere wasserunlösliche Materialien in ihrer Umgebung, die den Gummibärchen als Hausbaumaterialien dienen könnten: Metalle, Plastikfolien, Holz etc.

Deutung

Ob der Feststoff wasserlöslich ist oder nicht hängt vor allem davon ab, wie der Stoff aufgebaut ist, d. h. von der Struktur des Stoffes. Betrachten wir zunächst den wasserunlöslichen Stein: Er wird vom Wasser nur benetzt, das Wasser kann aber nicht in sein Inneres dringen und ihn auch nicht verändern. Warum gelingt das dem Wasser nicht? Die einzelnen Steinteilchen sind ganz fest zusammengerückt, so dass das Wasser keinen Platz findet, dazwischenzukommen und von außen abperlt.

Nun zur Löslichkeit von Salz und Zucker: Ein wasserlöslicher Feststoff bietet dem Wasser die Möglichkeit, zunächst an den Ecken, Kanten und Flächen ‚anzugreifen' und allmählich Schicht um Schicht abzutrennen und mit Wasser zu umhüllen. Wenn der Salz- bzw. Zuckerkristall einmal vollständig gelöst ist, liegt das Salz bzw. der Zucker in vielen winzig kleinen, nicht mehr sichtbaren Teilen vor, die im Wasser fein verteilt sind. Dieses Abtrennen winzig kleiner Teile aus einem Kristallverband gelingt unterschiedlich schnell. Manche Kristalle, die eine besonders feste Struktur haben – so etwa Salz – sind nur allmählich löslich, andere dagegen, z.B. Zucker, lösen sich leichter auf.

Genau genommen hängt die leichte Zuckerlöslichkeit damit zusammen, dass Zucker und Wasser einen ähnlichen Aufbau haben: ‚Gleiches löst sich in Gleichem' lautet eines der Grundprinzipien der Chemie: Schauen wir uns Wasser und Zucker einmal genauer an: Unter einer imaginären Riesenlupe könnte man erkennen, dass Wasser aus kugeligen Teilchen aufgebaut ist – ähnlich wie kleine Tischtennisbälle, die in einem Gefäß dicht gedrängt zusammenliegen. Auch am Zucker lassen sich kugelige Anteile erkennen, die in einem regelmäßigen Abstand über jedes Zuckerteilchen verteilt sind. Die Wasserkügelchen und die Zuckerkügelchen lagern sich aneinander: Der Zucker löst sich in Wasser.

Salz verfügt nicht über kugelige, wasserähnliche Bausteine: Um die Salzteilchen zu lösen, muss das Wasser zwischen die einzelnen Teilchen gelangen, was – im wahrsten Sinne des Wortes – viel Energieaufwand bedeutet. Verglichen mit Zucker löst sich Salz daher nur sehr langsam.

Ernährungsphysiologisch gesehen ist die schnelle Löslichkeit von Zucker und die langsame Löslichkeit von Salz für den Menschen von großer Bedeutung: Bei Energieverlust und niedrigem Blutzuckerspiegel sind wir darauf angewiesen, dass sich der Zucker (z.B. als Traubenzucker oder in Form eines Schokoriegels) ganz schnell löst und wir – oft schon nach wenigen Minuten – wieder zu Kräften kommen. Salz ist dagegen in hoher Dosierung sehr ungesund und wird nur in geringen Mengen – etwa für unsere Nervenleitungen – benötigt. Durch den sehr langsamen Lösungsprozess hat der Körper die Chance, den Salzüberschuss wieder ‚loszuwerden'.

Erweiterung

In der Regel ist der Regen kalt, so dass das vorige Experiment schon hinreichend Informationen über geeignete Hausbaumaterialien lieferte. Aber nur für den Fall, dass es einmal warmen Regen gäbe – ob sich der Stein dann auflöst? Und wie verhalten sich Salz und Zucker in warmem Wasser?

b) Löslichkeit in warmem Wasser

Eingesetzte Materialien

1 große Glaskanne mit sehr warmem Wasser
Steine des vorigen Experiments
für jedes Kind einen Zuckerwürfel
Kochsalz
Löffel
mehrere Gläser
eine dunkle Unterlage, falls der Tisch hell ist

Durchführung und Beobachtung

Jedes Kind wird aufgefordert, drei Gläser etwa zur Hälfte mit sehr warmem Wasser zu füllen. Wieder werden der Stein, ein Zuckerwürfel und etwas Salz in die verschiedenen Gläser gegeben. Ist im Vergleich zum vorigen Experiment eine Veränderung zu beobachten?

Nach wie vor löst sich der Stein überhaupt nicht, auch die Trübung des Salzwassers zeigt, dass das Salz sich in warmem Wasser nicht sehr viel schneller löst als in kaltem Wasser. Beim Zucker ist aber ein deutlicher Unterschied zu beobachten: Im Nu ‚kracht' der Zuckerwürfel in sich zusammen und wird gelöst.

Deutung

Je wärmer das Wasser ist, umso mehr ist es in Bewegung. Bestimmt hat jedes Kind schon einmal gesehen, was mit dem Wasser geschieht, wenn es kocht. Durch die vermehrte Energie bewegt es sich schneller an den Ecken und Kanten des Zuckerwürfels entlang. Der Lösevorgang wird beschleunigt. Auch Salz löst sich in warmem Wasser schneller auf als in kaltem, aber der Unterschied ist nicht so groß wie beim Zucker.

8.7 Gelöste Stoffe sind nicht weg

Worum es geht

Ähnlich wie der umgangssprachlich verwendete Begriff ‚nichts' ist auch der Begriff ‚weg' aus naturwissenschaftlicher Sicht verwirrend. Wie die ersten Experimente dieser Reihe gezeigt haben, ist Luft eben nicht nichts, sondern ein lebenswichtiger Stoff, der überall vorkommt und Eigenschaften hat, wie jeder andere Stoff auch.

Den Begriff ‚weg' verwenden wir immer dann, wenn ein Gegenstand nicht mehr in unserem Gesichtsfeld wahrnehmbar ist: Der Schlüsselbund, die Brille, am Ende des Monats das Geld und eben auch der in Wasser gelöste Zuckerwürfel. Streng genommen sind natürlich alle diese Dinge noch vorhanden, nur nicht mehr für uns sichtbar. Auch wenn jeder weiß, dass bei der Aussage ‚Meine Brille ist weg' niemand ernsthaft meinen könnte, dass die Brille ein für alle Male den Planeten für immer verlassen hat, so verführt die ständige sprachliche Verwendung des Begriffs ‚weg' dazu, zu unterstellen, dass die Dinge nicht mehr vorhanden sind: Das kann durchaus ökologische Konsequenzen haben: ‚Der Müll ist weg' verleitet etwa zu der Annahme, dass er sich in Nichts aufgelöst hat und die Umwelt nicht mehr belasten kann, obwohl er doch eigentlich noch auf der nahe gelegenen Mülldeponie verharrt.

Was wichtig ist

Das folgende Experiment soll den Kindern verdeutlichen, dass Dinge nicht ‚weg' sind, wenn wir sie nicht mehr sehen können. Salz und Zucker und viele andere in Wasser gelöste Stoffe können durch Verdunsten des Wassers wieder sichtbar gemacht werden, was bei den meisten Kindern große Überraschung auslöst. Und wo ist das verdunstete Wasser? Natürlich nicht weg! Vielleicht kann durch dieses Experiment eine kleine philosophische Diskussion ausgelöst werden …

Eingesetzte Materialien

1 Teelicht mit 1 Glasschälchen
Feuerzeug
Teelöffel aus Metall
Salzlösung (hochkonzentriert)
Kochsalz
Zucker

Durchführung

Der Versuch bedarf einiger kleiner Vorbereitungen: Da Zucker beim Erhitzen schnell karamellisiert und dadurch sein ursprüngliches Aussehen verändert, was bei den Kindern Verwirrung auslöst, sollte der folgende Versuch mit Salzlösung durchgeführt werden. Wie wir im vorigen Experiment erfahren haben, löst sich Salz jedoch nur sehr langsam in Wasser. Daher sollten Sie die Salzlösung bereits einen Tag vorher ansetzen: Stellen Sie eine sehr konzentrierte Salzlösung her, indem Sie Salz zu heißem Wasser geben und umrühren. Gießen Sie am nächsten Tag vorsichtig die klare Flüssigkeit, also die Salzlösung vom Bodensatz des nicht gelösten Salzes, in ein verschließbares Gefäß ab.

In dieser hohen Konzentration dürfen Kinder die Salzlösung niemals trinken, was allerdings wegen des unangenehmen Geschmacks auch nicht geschehen würde. Dennoch sollte die Salzlösung bis zu ihrem Einsatz im Experiment für die Kinder unerreichbar weggestellt werden.

Fordern Sie die Kinder auf, das vorige Experiment noch einmal zu wiederholen, indem sie einen Zuckerwürfel und eine entsprechende Menge an Salzkristallen jeweils in ein Glas mit kaltem oder sehr warmem Wasser geben – je nachdem, ob sie sich für einen schnellen oder langsamen Lösungsvorgang entscheiden.

Nun bietet sich die Frage an, wo denn der Zucker und das Salz geblieben sei. Eine vorsichtige Geschmacksprobe macht deutlich, dass Zucker und Salz wohl nicht ganz verschwunden sein können. Gibt es denn Möglichkeiten, die Stoffe wieder sichtbar zu machen?

In der Regel entwickeln die Kinder kreative Vorschläge: Das Wasser ausgießen und gucken, ob der Zucker noch im Glas ist etc. Meistens ist ihnen eine praktikable Möglichkeit der Wiedergewinnung von Feststoffen aus Wasser noch nicht bekannt. Schlagen Sie vor, auf den Teelöffel eine geringe Menge der von Ihnen hergestellten Salzlösung zu gießen und den Löffel über das brennende Teelicht zu halten. Nur mit einer konzentrierten Salzlösung ist das Ergebnis gut sichtbar, da ansonsten zu viel Zeit in Anspruch genommen würde, bis das Wasser verdunstet. Weisen Sie die Kinder darauf hin, den Löffel nur am Stil anzufassen und ihn in einiger Höhe über die Flamme zu halten, da diese sonst erlischt (Wiederholung des Experiments Kerzenflamme löschen durch Luftentzug).

Da es etwas dauert, bis das Wasser komplett verdunstet ist, sollten die Kinder den Löffel reihum gehen lassen, so dass jedes Kind am Versuch beteiligt ist. Wenn der Löffel aus der Teelichtflamme entfernt wird, muss noch ein bis zwei Minuten gewartet werden, bis er abgekühlt ist. Im Sommer

kann anstelle von Teelicht und Löffel auch das Sonnenlicht verwendet werden, indem man ein Schälchen mit der konzentrierten Salzlösung in die Sonne stellt. (Dieses Vorgehen kommt der Salzgewinnung aus Meersalz recht nahe, nur werden dann größere Schälchen verwendet.)

Beobachtung

Nach einiger Zeit wird ein weißer Belag auf dem Löffel sichtbar. Wenn nahezu das gesamte Wasser verdunstet ist, wird ein Knistern hörbar. Schließlich hat sich eine feste Salzkruste auf dem Löffel abgelagert, die tatsächlich auch nach Salz schmeckt.

Deutung

In einer Salz bzw. Zuckerlösung ist der gelöste Stoff noch vorhanden, allerdings so fein verteilt, dass wir sie mit dem bloßen Auge nicht sehen können. Durch Wärmezufuhr verdunstet das Wasser und die in der Lösung fein verteilten Salzteilchen kristallisieren wieder als festes Salz aus. Das Knistern entsteht dadurch, dass gegen Ende des Verdunstungsprozesses noch ein wenig Wasser in dem Salzkristall eingeschlossen ist und sich beim Verdunsten den Weg bahnt, indem es den Kristall sprengt. Manchmal werden dabei sogar Salzkristallteilchen mitgerissen. Wir werden dabei Zeugen eines ungeheuer kraftvollen Prozesses, der sich auf unserem Planeten schon über Jahrmillionen abspielt.

Zucker kristallisiert nicht aus, sondern wird zunächst sirupartig und karamellisiert beim weiteren Erhitzen.

Und wo ist das verdunstet Wasser hin?

Natürlich ist auch dieses nicht weg! Dies kann an einem mit kochendem Wasser gefüllten Kochtopf verdeutlich werden, indem man den Deckel über den Kochtopf stülpt und zeigt, dass der Wasserdampf sich dort niederschlägt, d. h. kondensiert.

8.8 Nicht alle Flüssigkeiten verhalten sich wie Wasser

Worum es geht

Wasser ist für Kindergartenkinder der Prototyp für sämtliche Flüssigkeiten, d. h. in der Regel werden alle anderen Flüssigkeiten dem Wasser zugeordnet, auch wenn sie ganz anders aussehen. Fragt man Kinder im Vorschulalter, welche anderen Flüssigkeiten ihnen denn noch vertraut sind, nennen sie meistens Getränke wie Limonade oder Ähnliches, wobei diese genau genommen nur aus Wasser und Fruchtsaft bestehen.
Dass Öl und Honig sowie Glycerin und Spülmittelkonzentrat ebenfalls Flüssigkeiten sind, gehört noch nicht zu den Erfahrungen der Kinder. Der folgende Versuch verdeutlich, dass Wasser und Öl zwei Flüssigkeiten mit völlig unterschiedlichen Eigenschaften sind.

Was wichtig ist

Bei dem folgenden aus zwei Teilen bestehenden Versuch steht zunächst im Vordergrund, die Erfahrungswelt der Kinder in Bezug auf den flüssigen Aggregatzustand zu erweitern. Was unterscheidet eine Flüssigkeit von einem Feststoff ganz genau? Wie verhalten sich Flüssigkeiten, wenn man sie in ein Gefäß gießt? Flüssigkeiten füllen das Gefäß aus und passen sich seiner Form – im Unterschied zu Feststoffen – an. Ist Sand dann auch eine Flüssigkeit, weil er sich doch ebenfalls der Gefäßform anpasst? Was ist hier ganz genau anders? (Die kleinsten Partikel – die Sandkörnchen – sind fest.)

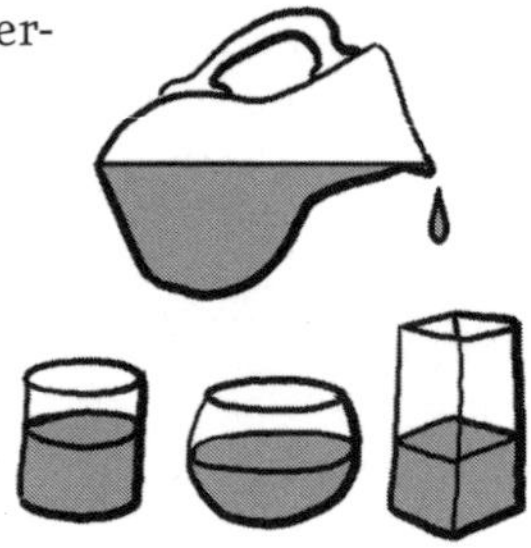

In einem zweiten Schritt wird das Verhalten unterschiedlicher Flüssigkeiten, nämlich von Wasser und von Öl, miteinander verglichen. Wenn die Eigenschaften von Wasser und Öl zuverlässig immer wieder unterschiedlich sind, dann muss es dafür einen Grund geben! Dieser Grund führt zu einem der wichtigsten Prinzipien der Chemie!

Was man machen kann

Teil 1

Eingesetzte Materialien

1 durchsichtiges Glas für jedes Kind
1 Behälter mit Wasser
1 Behälter mit wenig Speiseöl

Durchführung

Fordern Sie die Kinder auf, zunächst etwa daumenbreit (ca. 4 Esslöffel) Speiseöl in das Glas zu geben (nicht zu viel, damit die spätere Entsorgung im Ausguss zu keinen Problemen führt). Ist Öl eine Flüssigkeit? Warum? Nun wird das Glas zu zwei Drittel mit Wasser aufgefüllt und genau beobachtet, was geschieht.

Beobachtung

Nach Zugabe des Wassers sind heftige Turbulenzen im Glas zu beobachten. Es scheint so, als könnten sich Öl und Wasser vermischen, doch nach kurzer Zeit entmischen sich Öl und Wasser wieder, wobei das Öl auf dem Wasser schwimmt. Warum ist das so? Welche Flüssigkeit hat die geringere Dichte (‚ist leichter')?

Deutung

Wasser und Öl vermischen sich nicht miteinander! Gibt man dagegen Essig und Wasser zusammen, so vermischen sich beide Flüssigkeiten.
Ob sich zwei Flüssigkeiten miteinander vermischen oder nicht, hängt letztlich damit zusammen, ob sie sich ‚mögen', d.h., ob sie einen ähnlichen Aufbau haben. Das hinter diesem Phänomen steckende Prinzip lautet *‚Gleiches löst sich in Gleichem'*. Alle Flüssigkeiten (sowie Gase und Feststoffe!), die einen ähnlichen Aufbau wie Wasser haben, mischen sich gut mit

Wasser. Alkohol, Zucker und Essig haben also einen Aufbau, der dem des Wassers ähnlich ist. Und Öl, das sich so gar kein bisschen mit dem Wasser vermischt, muss einen anderen Aufbau haben. In Öl können sich Stoffe lösen, die einen ähnlichen Aufbau wie Öl haben – z. B. fettlösliche Vitamine wie β-Carotin oder Vitamin E.
Was für eine Struktur haben aber nun Wasser und Öl?
Unter einer riesigen Lupe betrachtet, könnte man etwa folgende Strukturen wahrnehmen: Wasser hätte eine kugelige Gestalt, Öl eine längliche, an Spaghetti erinnernde Gestalt.

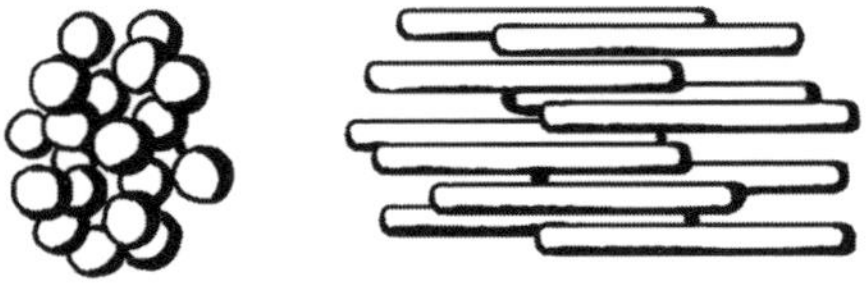

Die Zuverlässigkeit des o.g. Prinzips ‚Gleiches löst sich in Gleichem' ist für uns überlebenswichtig: Nur wegen dieses Prinzips ist garantiert, dass wir nicht ‚auslaufen', weil eben eine fetthaltige Schicht die wässrigen Flüssigkeiten davon abhält, diese zu durchdringen. Zudem ist jede Flüssigkeit im Zellinneren von einer Membran umgeben, die verhindert, dass die Flüssigkeit nach außen dringt und die Natur ist voll von weiteren Beispielen für die sinnvolle Trennung wässriger und ölhaltiger Flüssigkeiten.

Teil 2

Sind denn nun aufgrund des Prinzips ‚Gleiches löst sich in Gleichem' wässrige und ölhaltige Flüssigkeiten für immer ‚verdammt', voneinander getrennt zu sein? Kann ein fettiger Teller denn jemals mit Wasser wieder gesäubert werden? Wie wäscht man am besten einen Fettfleck aus der Kleidung und was macht der Körper eigentlich, wenn sich das wässrige mit dem fetthaltigen System mischen soll?

Eingesetzte Materialien

- 1 durchsichtiges Glas für jedes Kind
- 1 Behälter mit Wasser
- 1 Behälter mit wenig Speiseöl
- 1 Behälter mit Spülmittellösung (aus einigen Tropfen Spülmittel und etwas Wasser vorbereitet)
- Tropfpipetten für jedes Kind (falls vorhanden)
- Esslöffel für jedes Kind

Durchführung

Fordern Sie die Kinder auf, wenige Tropfen Spülmittellösung (mit einer Tropfpipette lässt sich die Zugabe besonders gut dosieren) in das Glas mit Öl und Wasser zu geben und wieder ganz genau zu beobachten. Nun werden mehrere Esslöffel Spülmittellösung zugegeben; wiederum wird beobachtet und anschließend mit dem Esslöffel heftig gerührt.

Beobachtung

Sobald etwas Spülmittel zu den beiden Flüssigkeiten aus Öl und Wasser gelangt, kommt im wahrsten Sinn des Wortes ‚etwas in Bewegung', was vor allem an der Grenzschicht zwischen Wasser und Öl sichtbar wird. Zwar liegen beide Flüssigkeiten immer noch getrennt voneinander vor, aber es scheint so, als würde die Spülmittellösung genau an der Grenzschicht ‚für Unruhe' sorgen. Nach weiterer Zugabe von Spülmittellösung und heftigem Rühren sind Wasser und Öl durchmischt. Nach einiger Zeit setzt sich ein Großteil des Öls wieder oben ab (weil die Menge an Spülmittel noch nicht ausreicht, dass sich alles durchmischen kann), aber es ist deutlich sichtbar, dass einige Öltropfen im Wasser für eine Trübung verantwortlich sind.

Deutung

Wasser und Öl ‚mögen' sich nicht, weil sie unterschiedlich aufgebaut sind. Kommt nun ein Stoff hinzu, der sowohl einen kugeligen als auch einen länglichen Aufbau hat, kann er zwischen Wasser und Öl im wahrsten Sinne des Wortes vermitteln.

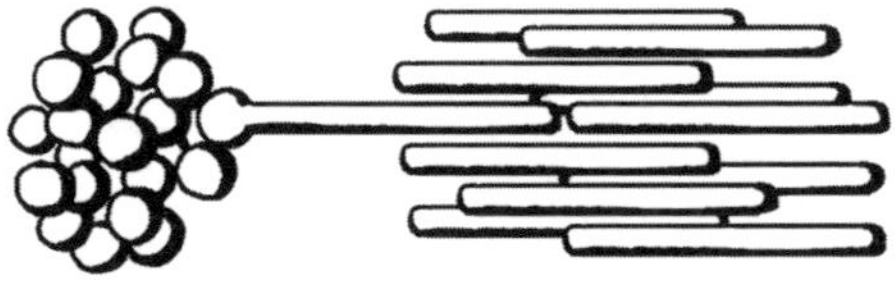

Da das Prinzip ‚Gleiches löst sich in Gleichem' auch hier gilt, kann das Spülmittel mit dem kugeligen Ende ins Wasser eintauchen und mit dem länglichen Ende in das Öl.
Dies geschieht auch beim Spülen und Waschen. Verschmutzungen werden von dem Spül- bzw. Waschmittel umhüllt und vom Gegenstand abgehoben und ins Spül- bzw. Waschwasser entfernt.
Einfach ‚weg' ist der Ölfleck deshalb aber nicht, er ist nur nicht mehr auf dem Gegenstand, sondern im Wasser (vgl. hierzu Experiment 8.7: Gelöste Stoffe sind nicht weg).

8.9 Wie man Tintentropfen in Wasser hinein- und wieder herausbekommt

Worum es geht

Auch bei diesem aus zwei Teilen bestehenden Experiment geht es wieder um das Verhalten von Flüssigkeiten, wobei die Erfahrungen und Erkenntnisse des vorigen Versuchs vertieft werden. Da der Versuch eine faszinierende Ästhetik entfaltet, regt er zu einer besonders intensiven Beobachtung an. Bei ganz genauem Beobachten fallen zwei Phänomene auf, die auch im Alltag Bedeutung haben: Die Tintentropfen nehmen Kugelgestalt an, wenn sie sich nicht mischen können und sie verharren sehr lange an der Grenzfläche zwischen Öl und Wasser.
Der zweite Teil behandelt ein in der Technik häufig eingesetztes Reinigungsverfahren von Wasser.

Was wichtig ist

Das im vorigen Experiment Erfahrene kann bei diesem Versuch auf ein neues Phänomen – wie verhält sich Tinte mit Wasser und Öl – übertragen werden. Zudem macht der Versuch mit weiteren Eigenschaften von Flüssigkeiten vertraut.

Was man machen kann

Teil 1

Eingesetzte Materialien

1 durchsichtiges Glas für jedes Kind
1 Behälter mit Wasser
1 Behälter mit wenig Speiseöl
1 Behälter mit Spülmittellösung (aus einigen Tropfen Spülmittel und etwas Wasser vorbereitet)
1 Tintenpatrone für jedes Kind (oder ein Tintenfass und Tropfpipetten)

Durchführung

Fordern Sie die Kinder erneut auf, in ein Glas ein wenig Öl (daumenbreit) und Wasser zu geben (bis das Glas zu etwa zwei Drittel gefüllt ist). Nachdem die beiden Flüssigkeiten ihren ‚Platz im Glas' gefunden haben, werden aus einer Tintenpatrone (oder per Tropfpipette aus dem Tintenfass) vorsichtig mehrere Tropfen in das Glas zugetropft.

Beobachtung

Die Tintentropfen haben es offensichtlich nicht eilig, auf den Grund des Glases zu kommen: Manche verharren lange auf der Öloberfläche, andere sinken allmählich durch das Öl, bis sie auf der Grenzfläche zwischen Wasser und Öl erneut eine Pause machen. Dabei bleibt die kugelige Tropfenform erhalten; die Tinte vermischt sich also nicht mit dem Öl. Nach einiger Zeit – was manchmal einige Minuten dauern kann – durchstoßen die Tintentropfen die Grenzschicht zwischen Wasser und Öl und gelangen in das Leitungswasser, in dem sie auf den Grund des Glases sinken. Dabei verteilt sich die Tinte schlierenförmig im Wasser – sie vermischt sich mit dem Leitungswasser.

Deutung

Offensichtlich hat der Tintentropfen eine größere Dichte als Öl und als Wasser, denn sonst würde er nicht auf den Boden des Glases sinken können. Aber warum bleiben einige Tropfen oben auf der Oberfläche des Öls und später an der Grenzfläche zwischen Öl und Wasser ‚hängen'?
Die Tintentropfen verharren so viel länger an diesen Grenzflächen, weil tatsächlich mehr Kraft aufzuwenden ist, um die Flächen zu durchstoßen. Diese Kraft ist bei der Wasser-Öl-Grenze sogar größer als zwischen der Grenze Öl-Luft, deshalb bleiben sie dort manchmal auch minutenlang. Warum ist hier so viel Kraft erforderlich?

Wenn sich zwischen zwei Stoffen eine Grenze ausbildet, ist diese stabiler als an einem beliebigen Ort im Inneren des Stoffes. So ist die Außenfläche des Tintentropfens, der sich nicht in Öl löst und daher vom Öl abgrenzt, stabiler, als das Flüssigkeitsinnere der Tintenkugel. Auch zwischen Öl und Luft sowie zwischen Wasser und Öl bilden sich Grenzflächen aus, die – quasi wie eine Haut – in der Lage sind, für eine Weile die Tintentropfen zu tragen. Im Falle von Wasser bildet sich an der Grenzfläche zur Luft sogar eine solch stabile Haut aus, dass auf ihr gemahlener Pfeffer, Stecknadeln und – mit etwas Glück – sogar Büroklammern schweben können. Wir bezeichnen diese stabile Schicht auch mit dem Begriff Oberflächenspannung.
Nachdem die Tintentropfen in die Ölschicht eingetaucht sind, vermischen sie sich nicht mit dem Öl, sondern bilden eine Kugel- oder genauer: Tropfengestalt. Demnach kann Tinte nicht so aufgebaut sein wie Öl, denn sonst würde sie sich nach dem Prinzip ‚Gleiches löst sich in Gleichem' mit dem Öl mischen.

Warum bildet sich eigentlich ein Tropfen aus, während die Tinte durch das Öl hinabsinkt?
Immer dann, wenn ein Stoff einen anderen von allen Seiten umhüllt – so wie z.B. in einer Flüssigkeit oder in einem Gas – bildet sich eine Kugel aus, wobei sich bei einer Bewegung nach unten durch das Herabsinken eine Tropfenform bildet, also der ‚Boden' der Kugel abgeflacht wird. Die Kugelform wird deshalb bevorzugt, weil hier die Angriffsfläche besonders klein ist (die Kugel hat im Verhältnis zum Volumen die kleinste Oberfläche).
Sobald sich zwei Stoffe nur von einer Seite begegnen, bilden sich Grenzflächen, denn in diesem Fall bietet die Fläche die wenigsten Berührungsmöglichkeiten.

Nachdem die Tintentropfen nun auch die zweite Grenzfläche zwischen Öl und Wasser allmählich durchstoßen haben gelangen sie ins Wasser. Sogleich bilden sie Schlieren aus, während sie zum Boden hinabsinken; demnach sind sie wasserlöslich. Dies gibt Aufschluss darüber, dass die Tintentropfen im Aufbau ähnlich sind, wie Wasser. Die Tatsache, dass die Tropfen auf den Boden des Glases sinken, gibt eine Information über die Dichte der Tinte: Sie ist größer als die von Wasser, sonst würde Tinte nicht sinken.

Warum aber verteilt sich die Tinte im Wasser, wenn sie eine größere Dichte hat? Müsste sie nicht eigentlich flach am Boden liegen – wie ein Stein? Dass sich überhaupt zwei Stoffe ineinander ausbreiten, hat letztlich mit der Entropie zu tun; alle Stoffe streben nach einem hohen Maß an Unordnung. Eine Durchmischung zweier Stoffe führt zu einem höheren Maß an Unordnung und damit zu einer größeren Entropie.
Wir können tatsächlich bei dem ästhetischen Schauspiel der Verteilung der Tintentropfen in Wasser verfolgen, wie sich die Unordnung durchsetzt. Durch die Bewegung der Wasserteilchen aufgrund ihrer Wärme stoßen sie – ähnlich wie Billardkugeln – auf die Tintenteilchen und wirbeln sie durcheinander.

Teil 2

Nachdem wir im ersten Teil des Experiments die drei Flüssigkeiten Wasser, Öl und Tinte zusammengegeben haben, stellt sich im folgenden Teil die Frage, ob wir die drei Flüssigkeiten auch wieder voneinander trennen können. Gibt es vor allem einen Weg, das mit Tinte verschmutzte Wasser wieder so sauber zu bekommen, dass wir es trinken können?
Das Öl lässt sich relativ einfach vom Wasser trennen, denn sowohl Wasser als auch Tinte haben sich ja nicht mit dem Öl vermischt. So lässt sich beispielsweise das Öl vorsichtig abgießen und es kann anschließend theoretisch wieder als Salatöl verwendet werden. Aber wie kann die Tinte aus dem Wasser entfernt werden, so dass es wieder genießbar ist? Abgießen nutzt da nichts, auch das Verdunsten des Wasser ist wenig hilfreich; zwar ist es dann sauber, aber als Wasserdampf überall im Raum verteilt und nicht trinkbar. Hier hilft folgendes Experiment weiter.

Eingesetzte Materialien

(jeweils für zwei Kinder, die in Partnerarbeit zusammenarbeiten)
1 abwaschbare Unterlage
1 Unterteller
2 durchsichtige Gläser
1 Behälter mit Leitungswasser
1 Tintenpatrone mit blauer Farbe oder ein Tintenfass mit einer Tropfpipette. (Es kann auch das Tintenwasser vom vorigen Experiment verwendet werden, wenn es gelingt, das Speiseöl vorsichtig abzugießen.)
2 Kohletabletten (z. B. Kohle-Hevert®)
2 Kaffee-Filterpapiere
1 Kaffeefilter
1 Teelöffel

Durchführung

Zunächst werden die Kinder aufgefordert, ein Glas zur Hälfte mit Wasser zu füllen und wenige Tintentropfen zuzugeben. (Es sollte nicht zu viel Tinte ins Wasser gelangen, damit für die Reinigung zwei Kohletabletten ausreichen.) Nun werden die beiden Kohletabletten zugefügt. Manche Sorten lösen sich nur langsam in Wasser auf (vorher prüfen!). Dann kann nachgeholfen werden, indem die Kohle mit einem Löffel auf einem Unterteller zerbröselt wird. Dabei sollte unbedingt eine abwaschbare Unterlage verwendet werden, da die Kohle überall ihre Spuren hinterlässt. Je feiner die Kohletabletten zerkleinert werden, desto besser gelingt das Experiment. Um eine gute Durchmischung zwischen Tintenwasser und Kohletablette zu erzielen, wird gerührt.

Die beiden Kaffeefilterpapiere werden ineinander gestülpt und in den Kaffeefilter gesteckt, der auf das zweite noch leere Glas gestellt wird. Nun wird das Tinten-Kohle-Wasser filtriert und kritisch beobachtet, ob das filtrierte Wasser wieder eine vertrauenswürdige Farbe hat.

Beobachtung

Nach Zugabe der Kohle färbt sich das Tintenwasser tiefschwarz. Nach dem Filtrieren tropft klares Wasser aus dem Filter. Wenn es noch schwach hellblau erscheint, sollte ein zweites Mal filtriert werden.

Deutung

Die Kohle saugt die Tinte wie ein Schwamm auf. Wie ist das aber möglich, denn sie ist im Unterschied zu einem Schwamm doch fest und kann nicht zusammengedrückt werden?
Tatsächlich ist Kohle – ähnlich wie ein Schwamm – porös und hat zahlreiche Hohlräume. Diese führen dazu, dass die Kohleoberfläche vergrößert wird. Je feiner die Kohle pulverisiert ist, desto größer ist ihre Oberfläche: Ein Gramm Kohlenstoffpulver hat eine Gesamtangriffsfläche von 500 bis 1500 m^2!

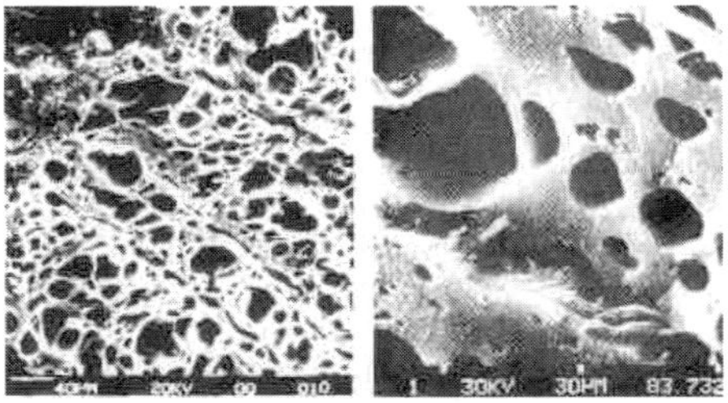

Unter einem sehr hoch auflösenden Mikroskop kann man erkennen, dass Kohle sehr porös ist. (Nachdruck mit Genehmigung von Donau Carbon GmbH & Co. KG, Ffm.)

An die Oberfläche der Kohle können sich Schmutzpartikel – etwa auch die Tinte – anlagern. Entweder heften sie sich direkt an die Oberfläche an oder dringen in die Hohlräume ein. Beim Filtrieren wird die Kohle mit der an ihr haftenden Tinte vom Wasser getrennt und nur noch das saubere Wasser gelangt durch den Filter.
Ähnlich wirken auch Kohletabletten in unserem Körper. Bei einer Darmverstimmung werden die Bakterien von der Kohletablette ‚aufgesaugt' und dadurch unschädlich gemacht. Trinkwasser in Katastrophengebieten wird ebenfalls durch Kohle aufbereitet. Außerdem kann sie helfen, unangenehme Gerüche zu binden, indem die Gase – genauso wie die Tinte – an der Oberfläche und in den feinen Hohlräumen anlagern.

8.10 Warum schwimmt Eis auf dem Wasser?

Worum es geht

Normalerweise haben feste Stoffe eine größere Dichte als Flüssigkeiten, und Flüssigkeiten wiederum eine größere Dichte als Gase. Deshalb gehen auch die meisten Feststoffe in Wasser unter und Gase wie Luft und Kohlenstoffdioxid liegen auf der Oberfläche von Wasser auf. Und wie ist das bei den drei Aggregatzuständen von Wasser? Hat Wasserdampf eine geringere Dichte als Wasser und schwebt oben? Hat Eis eine größere Dichte als Wasser und sinkt im Wasser?

> Unter Dichte versteht man die Masse eine Stoffes pro Volumen. Solche aus zwei Komponenten zusammengesetzten Größen sind für Kinder – und auch oft für uns Erwachsene – schwer nachzuvollziehen. Deshalb ist es für den Elementarbereich angebracht, auch von schwerer und leichter zu sprechen, wobei dann immer die gleiche Volumengröße betrachtet wird (z.B. ein Fingerhut voll Wasser, ein Fingerhut voll Eis, ein Fingerhut voll Wasserdampf).

Was wichtig ist

Das Phänomen, dass Eis eine geringere Dichte als Wasser hat und daher auf Wasser schwimmt (man spricht auch von der ‚Dichteanomalie des Wassers'), ist für das Leben auf der Erde von grundlegender Bedeutung. Eisberge schwimmen im Wasser und liegen nicht auf dem Meeresboden. Dadurch kann durch die Meeresströmungen ein Ausgleich zwischen warmen und kalten Wasserregionen geschaffen werden, was für das Leben der Fische wichtig ist. Seen frieren von oben zu, d.h. die Eisdecke bildet sich auf der Oberfläche des Sees, so dass die Fische unten im See noch Wasser zur Verfügung haben.
Aber die Anomalie hat auch nachteilige Konsequenzen für das Leben: So erfrieren nicht-winterfeste Pflanzen im Winter, weil sich das Wasser in den feinen Pflanzenäderchen ausdehnt und sie zum Platzen bringt. Win-

terfeste Pflanzen haben einen höheren Fettanteil und enthalten weniger Wasser, so dass sie – wie die Nadeln am Nadelbaum – den Winter überleben können.
... und Schlittschuhfahren ist auch nur wegen der Dichteanomalie des Wassers möglich!

Zum Einstieg des Versuchs sind wieder die beiden Gummibärchen gefordert: Diesmal wollen sie nicht – wie beim ersten Versuch – tauchen, ohne nass zu werden, sondern auf der Wasseroberfläche schwimmen, ohne nass zu werden, ähnlich wie auf einer Luftmatratze. Ob die Kinder Gegenstände finden, die auf dem Wasser schwimmen und zusätzlich noch die beiden Gummibärchen tragen können?

Was man machen kann

Eingesetzte Materialien

1 große Salatschüssel, zur Hälfte mit Wasser gefüllt
Scheiben aus gefrorenem Wasser für jedes Kind
1 Stück Holz
1 kleiner Stein
Münzen etc.

Durchführung

Die Scheiben aus gefrorenem Eis sollten am Tag vor dem eigentlichen Experiment mit den Kindern folgendermaßen hergestellt werden: Jedes Kind erhält einen leeren Joghurtbecher und wird aufgefordert, ihn etwa daumenbreit mit Wasser zu füllen. Dann wird mit einem Filzstift der Wasserstand markiert und die Joghurtbecher werden in ein Tiefkühlfach gestellt. Am nächsten Tag ist das Wasser gefroren und kann als Scheibe aus dem Joghurtbecher herausgelöst werden. Entspricht die Filzstiftmarkierung noch dem ‚Eisstand'?

Fordern sie die Kinder zu Beginn auf, Prognosen darüber abzugeben, was wohl im Wasser sinkt und was nicht. Dann wird das Experiment durchgeführt, indem nacheinander die Gegenstände ins Wasser der Salatschüssel geworfen werden, (wobei die Gummibärchen vorsichtshalber noch die Beobachterrolle einnehmen).
Später können die Kinder noch weitere Materialien aus der Einrichtung zusammentragen, von denen sie glauben, dass sie auf dem Wasser schwimmen.

Beobachtung

Von den auf dem Experimentiertisch vorbereiteten Gegenständen sinken der Stein und die Münze, das Holz und das Eis eignen sich als zuverlässige Schwimmunterlagen für die beiden Gummibärchen.

Deutung

Die Münze und der Stein sinken, weil sie eine größere Dichte als Wasser haben, d.h. ihre Masse, also das, was sie ‚auf die Waage bringen', höher ist als die Masse von Wasser, wobei jeweils die gleiche Volumengröße (z. B. ein Fingerhut oder Würfel) betrachtet wird.
Dass der Stein und die Münze sinken, überrascht die Kinder vermutlich nicht, handelt es sich doch in beiden Fällen um Feststoffe, von denen wir ohnehin annehmen, dass sie eine größere Dichte haben als Wasser. Dass Holz schwimmt (bis auf ganz wenige Tropenhölzer, die eine größere Dichte als Wasser haben) ist da schon eher überraschend, weil Holz doch auch ein Feststoff ist. Nun ist Holz in der Regel porös und hat viele Lufteinschließungen, so dass allein dies schon eine Erklärung für die geringere Dichte sein könnte.
Verblüffend ist aber die Tatsache, dass Eis auf dem Wasser schwimmt, obwohl es doch aus dem selben Stoff besteht wie Wasser und beim Erwärmen wieder zu Wasser wird.
Weshalb hat der Feststoff Eis eine geringere Dichte als die Flüssigkeit Wasser? Die Kristallstruktur ist voluminöser als die von Wasser. Beim Gefrieren dehnt sich das Eis allmählich aus, indem es Hohlräume bildet.

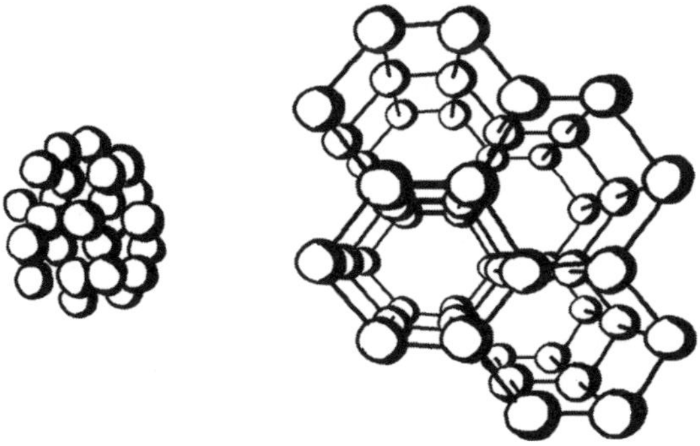

Die Zeichnung zeigt vereinfacht die beiden unterschiedlichen Strukturen von Eis und Wasser. Unter einer Riesenlupe, mit der sogar die kleinsten Bausteine der Materie sichtbar gemacht werden könnten, sähe man, dass die Wasserbausteine ganz dicht nebeneinander liegen, während sich im Eiskristall Lücken befinden.
Auch Flüssigkeiten haben unterschiedliche Dichten. Deshalb schwimmt Öl mit einer geringeren Dichte auf dem Wasser. Aber für unsere Gummibärchen ist das keine tragfähige Unterlage; da sind Holz und Eis schon besser geeignet …

8.11 Mit Alufolie die Nase putzen? Saugfähigkeit von Materialien und was dahinter steckt!

Worum es geht

Die unterschiedliche Saugfähigkeit von Materialien ist Kindern schon früh vertraut und in eigenen Untersuchungen haben wir kürzlich belegen können, dass schon Zweijährige treffsichere Prognosen über die Saugfähigkeit von Schwämmen im Gegensatz zu Holz oder Styropor machen können. Obwohl im Alltag die Saugfähigkeit eine große Rolle spielt – sei es beim Naseputzen, beim Aufwischen des verschütteten Kakaos oder bei der Babywindel – der naturwissenschaftliche Hintergrund für die Saugfähigkeit eines Materials wird dabei selten hinterfragt. Warum aber saugt ein Stein kein Wasser auf, während ein Taschentuch dagegen saugfähig ist?

Was wichtig ist

Bei dem folgenden Experiment steht vor allem im Vordergrund, mit einfachen Haushaltsmaterialien den Blick der Kinder auf ganz alltägliche Phänomene zu lenken und durch die Beobachtung Interesse an den dahinter stehenden Phänomenen zu wecken. Saugfähigkeit ist keine zufällige Eigenschaft von Materialien, sondern hängt unmittelbar von der Struktur des Materials und seiner Oberflächenbeschaffenheit ab.
Als Einstieg kann ein wenig Wasser auf einem Tisch verschüttet werden. Es schließen sich folgende Fragen an: Mit welchen Materialien kann das Wasser wohl wieder aufgewischt werden? Warum saugt der Tisch das Wasser nicht auf?

Was man machen kann

Eingesetzte Materialien

1 kleiner Stein mit einer glatten Oberfläche
Alufolie
Watte
1 Windel, besonders geeignet sind die handelsüblichen ‚Ultra'-Windeln für Kinder im Alter von 4–6 Monaten
Superabsorberkristalle aus der Windel
Wasserbehälter mit Wasser
1 Tasse
Glasschälchen für jedes Material
Becherlupe (falls vorhanden)

Durchführung

Die Windel wird aufgeschnitten und die Inhaltsstoffe befühlt und betrachtet. Neben Watte und einer dünnen Kunststofffolie befinden sich auch kleine sandartige Kristalle, so genannte Superabsorber, in der Windel. Diese Kristalle werden vorsichtig von der Watte getrennt und in einem Glasschälchen eingesammelt.
Der Stein, die Alufolie, die Watte und die Superabsorberkristalle werden nun jeweils in ein Glasschälchen gegeben. Nach Möglichkeit sollten die unter-

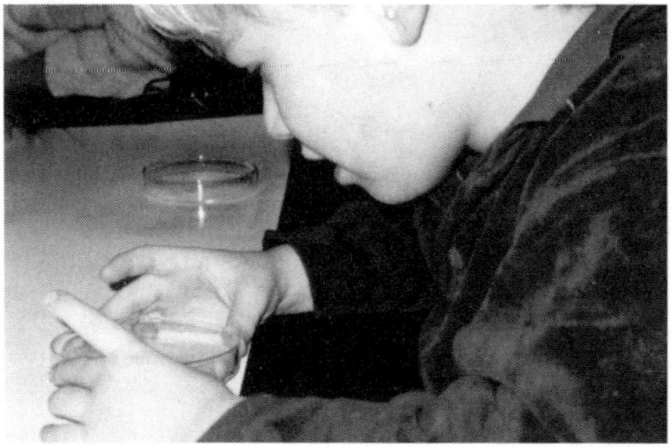

schiedlichen Materialien in etwa in der gleichen Menge vorliegen, damit deren Saugverhalten besser miteinander verglichen werden kann. Bei den Superabsorberkristallen wird wahrscheinlich nur eine kleine Menge zusammengetragen werden können. Deshalb sollten die Kinder auf den Mengenunterschied hingewiesen werden.
Anschließend wird jeweils die gleiche Menge Wasser (etwa eine halbe Tasse, je nach Größe der Schälchen und Menge der Materialien) über die unterschiedlichen Stoffe gegeben.

Beobachtung

Die unterschiedliche Wassermenge, die im Schälchen aufgefangen wird, verdeutlicht die unterschiedliche Saugfähigkeit der Materialien: Der Stein und die Alufolie saugen überhaupt kein Wasser auf. Watte zeigt eine größere Saugfähigkeit, allerdings wird das Wasser wieder abgegeben, wenn man auf die Watte drückt. Die Superabsorberkristalle haben die beste Saugfähigkeit: Sie nehmen die ganze Flüssigkeit auf und nach Zugabe von weiterem Wasser wird auch dieses noch aufgesaugt.

Deutung

Ob ein Stoff saugfähig ist oder nicht, hängt vor allem von der Art und der Größe der Oberfläche ab: Alufolie, Frischhaltefolie, ein Stein oder die Tischplatte haben eine glatte Oberfläche, in die das Wasser nicht eindringen kann, sondern an der es abperlt. Bestimmte Bimssteine und Tone können Wasser dagegen gut aufsaugen, weil sie eine poröse Oberfläche haben, in die das Wasser eindringen kann. Hydropflanzen stehen in Tonkugeln oder -granulaten, die dem Wurzelwerk zum einen Halt geben, zum anderen aber auch das Wasser aufsaugen und es bei Bedarf wieder abgeben.
Die Watte saugt das Wasser schon deutlich besser auf. Schaut man sich die

Watte – evtl. unter einer Becherlupe – genauer an, sieht man dünne Zellulosefäden, die untereinander zerknäuelt sind. Ähnlich sind auch Taschentücher oder Servietten aufgebaut, nur dass die Fäden dort fester zusammengepackt sind. Insgesamt bieten die vielen Fäden dem Wasser eine deutlich größere Oberfläche als allein die äußere Oberfläche der Watteballchen. Da sich das Wasser aber nur an der Oberfläche der Fäden anlagert, kann es wieder abgegeben werden, wenn Druck auf die Watte ausgeübt wird.

Die Superabsorberkristalle zeigen die mit Abstand größte Saugfähigkeit. Dabei haben sie ihre kristalline Form verloren und es hat sich mit dem Wasser eine Art Gel gebildet. Übt man einen Druck auf das Gel aus, wird das Wasser nicht wieder abgegeben. Es scheint fest gebunden zu sein.
Und warum können die Superabsorberkristalle so gut Wasser aufsaugen? In den einzelnen Kristallkügelchen befinden sich sehr lange Fäden aus dem Kunststoff Polycarboxylat. Nachdem das Wasser durch die wasserlösliche Oberfläche der Kugeln gedrungen ist (deshalb dauert es auch ein bisschen, bis das Wasser aufgesaugt wird) lagert es sich an den sehr langen Fäden mit der entsprechend großen Oberfläche an. Im Unterschied zur Zellulose kann sich das Wasser an diesen Fäden aber ganz fest anlagern und wird deshalb auch nicht mehr auf Druck abgegeben.

Und warum lagert sich das Wasser so viel besser an die Kunststofffäden aus Polycarboxylat an?
Wir haben bereits bei den vorigen Versuchen von dem Prinzip ‚Gleiches löst sich mit Gleichem' gehört. Stoffe mit einem ähnlichen Aufbau zeigen eine besondere ‚Anziehungskraft' aufeinander. Wasser lagert sich besonders gut an den Stellen eines Stoffes an, die ähnlich aufgebaut sind, wie Wasser. Superabsorber-Fäden sind mit zahlreichen Stellen besetzt, an die sich das Wasser wie bei einem Druckknopf anlagern kann, ohne dass es wieder loskommt. Deshalb wird in der Werbung so überzeugend mit dem Löschpapiervergleich gearbeitet.

8.12 Jetzt wird's bunt: Versuche zur Chromatographie

Worum es geht

Bislang kamen in den vorigen Versuchen vor allem Materialien zum Einsatz, die farblich wenig reizvoll sind: Entweder handelte es sich um farblose Stoffe, so etwa bei den Versuchen zu Luft, oder aber um weiße Materialien – etwa im Fall von Salz und Zucker. Einen Farbtupfer brachte bislang erst der Tintentropfen in das kindliche Experimentieren.
Der folgende Versuch bringt dagegen nun Farbe ins Spiel – oder genauer: Es geht *nur* um Farben!
Mit dem Ausdruck ‚Chromatographie' – übersetzt bedeutet dies ‚Farbenschreiben' – wird eines der bedeutendsten Trennverfahren der Chemie bezeichnet, das noch heute bei vielen Analysemethoden, vor allem von Naturstoffen, zum Einsatz kommt.

Was wichtig ist

Neben der Faszination durch die Farbigkeit soll dieser Versuch folgendes deutlich machen: Manchmal sind Phänomene mit dem bloßen Auge nicht zu erkennen und es bedarf einer Analysemethode, um den Dingen auf den Grund zu kommen. In diesem Fall ist die Methode sehr einfach und das Ergebnis verblüffend. Mit wasserlöslichen (!) schwarzen Filzstiften, etwas Filterpapier und Wasser ist das Experiment einfach und zuverlässig durchzuführen.

Was man machen kann

Eingesetzte Materialien

unterschiedliche wasserlösliche Filzstifte mit sehr dunkler Farbe (schwarz, blau, braun)
Kaffeefilterpapier
Bleistift

Tropfpipetten
Schere
kleine flache Teller

Durchführung

Man trennt zunächst das Kaffeefilterpapier in zwei gleiche Hälften. Die Mitte des Kaffeefilterpapiers wird mit dem Bleistift durch einen Punkt gekennzeichnet, der nur der Orientierung dient. Um diesen Punkt herum wird mit einem wasserlöslichen dunklen Filzstift ein dünner Kreis gezogen. Nun werden die Kinder aufgefordert, auf die Filterpapiermitte nach und nach mit der Tropfpipette einige Tropfen Wasser zu tropfen. Nach jeder Tropfenzugabe sollte so lange gewartet werden, bis das Wasser vom Papier aufgesaugt worden ist, damit sich kein überschüssiges Wasser in der Mitte ansammelt.

Beobachtung

Das zugetropfte Wasser breitet sich auf dem Filterpapier kreisförmig aus und erreicht damit auch den aufgetragenen Filzstiftkreis. Sobald das Wasser diesen Kreis überschreitet, reißt es die Farbe mit. Nach kurzer Zeit trennt sich die dunkle Farbe in mehrere hellere Farbtöne auf, wobei sich jeder Farbton in einem ganz bestimmten Abstand zum Ausgangspunkt befindet.

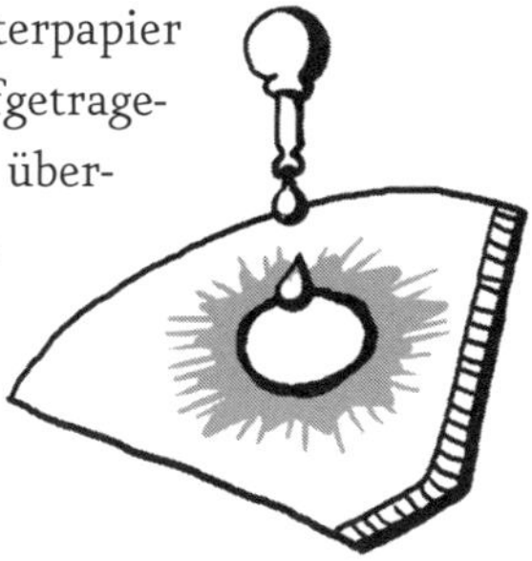

Deutung

Schwarze Filzstifte werden vom Hersteller nicht aus schwarzer Farbe, sondern einem Gemisch unterschiedlich heller Farben hergestellt, die dann insgesamt ein besonders sattes Schwarz ergeben. Dabei verwenden unterschiedliche Hersteller ganz verschiedene Rezepturen (die man tatsächlich an einer solch einfachen Chromatographie identifizieren kann!).
Damit das Farbenschreiben auch wirklich gelingen kann, müssen folgende Aspekte zusammenfallen: Ein Stoff, der aus mehreren Farben besteht, muss sich

im Wasser lösen. Das Lösungsmittel muss zudem gut aufgesaugt werden (Filterpapier). Manche Farbstoffe werden vom Wasser besser transportiert als andere, so dass die einzelnen Farben unterschiedlich lange ‚Laufwege' haben.

8.13 Rotkohl oder Blaukraut?

Worum es geht

Schon früh haben sich Chemiker (und davor auch die Alchimisten) bemüht, Stoffe (Indikatoren von lat.: indicare = anzeigen) einzusetzen, um Auskunft über Eigenschaften anderer Materialien zu erhalten. Oft handelt es sich dabei um Farbstoffe, die durch einen Farbwechsel eine genau nachvollziehbare Information über einen anderen Stoff geben. So färbt sich z. B. Jod immer blau, wenn es mit Stärke in Kontakt kommt, wobei diese Farbreaktion auch bei der kleinsten Menge an Stärke noch sehr gut sichtbar ist. Auch Rote Beete und Rotkohl sind Indikatoren und können über andere Stoffe sehr genaue Auskunft geben.

Was wichtig ist

Auch bei diesem Experiment steht – wie schon bei dem vorigen – die Faszination der Farbigkeit im Vordergrund. Zugleich soll aber ein weiteres Analyseverfahren vorgestellt werden: Der Farbumschlag der Naturfarbe gibt genaue Auskunft darüber, ob ein Stoff sauer (Säure) oder alkalisch (Seifen und Laugen) ist.

Was man machen kann

Eingesetzte Materialien

Rotkohlsaft (z. B. aus einem Rotkohlglas)
Zitronensaft oder Essig
Backpulver (Natriumhydrogencarbonat), in Wasser gelöst
3 Glasschälchen für jeweils zwei Kinder

Behälter mit Wasser zum Verdünnen
Teelöffel
1 abwaschbare Unterlage und ein Tuch zum Wegwischen von Rotkohlsaftspritzern

Durchführung

Bei diesem Experiment sollten die Kinder in Zweiergruppen experimentieren, weil bei den vielen unterschiedlichen Schälchen und Materialien sonst schnell die Übersicht verloren geht.
Zunächst werden jeweils zwei Teelöffel Rotkohlsaft in drei Schälchen gegeben. In der Regel ist die Rotkohlsaftfarbe sehr intensiv, so dass sie mit etwas Wasser verdünnt werden sollte, um den Farbumschlag besser zu erkennen. In eines der Schälchen gibt man nun etwas Essig oder Zitronensaft. Ein paar Spritzer genügen! In ein weiteres Schälchen wird etwas Backpulverlösung gegeben. Das dritte Schälchen dient zum Farbvergleich.

Beobachtung

Rotkohlsaft färbt sich nach Zugabe von Zitronensaft oder Essig rot, nach Zugabe von Backpulver blau.

Deutung

Was haben Essig und Zitronensaft gemeinsam? Beide schmecken sauer! Und beide enthalten Säuren, nämlich Essig*säure* und Zitronen*säure*. Der Indikator Rotkohl zeigt durch einen Farbumschlag ins Rote an, ob eine Säure vorliegt. Ob Rotkohlsaft auch bei anderen Säuren umschlägt? Die Kinder können ja einmal versuchen, aus der Küche sauer schmeckende Nahrungsmittel zusammenzutragen und das Experiment nach Belieben fortsetzen.

Mit Backpulver färbt sich Rotkohlsaft blau, weil es sich hierbei um einen alkalischen Stoff handelt, womit gemeint ist, dass die Backpulverlösung sich ähnlich verhält wie Seifen und Laugen. Ob sich der Rotkohlsaft dann auch blau färbt, wenn die Kinder ein bisschen Seifenlauge zugeben?
Solche Indikatoren sind bei Haushaltsmaterialien bzw. Nahrungsmitteln, die man schmecken kann, noch nicht so wichtig. Bedeutung erlangen sie erst bei unbekannten Materialien, die man natürlich nicht in den Mund nehmen darf, um sie zu schmecken (obwohl Chemiker das früher oft gemacht haben!).
Und wann heißt es nun Blaukraut und wann Rotkohl? Es handelt sich immer um ein und dasselbe Gemüse, einmal mit Essig zubereitet, meist in den nördlichen Regionen Deutschlands, wo man auch von ‚*Rot*kohl' spricht, und in Süddeutschland eher mit alkalischen Zutaten zubereitet – daher *Blau*kraut!

8.14 Was die Eierschale mit unseren Zähnen zu tun hat

Worum es geht

Bereits in einem früheren Experiment („Ein selbst gebauter Feuerlöscher", S. 68 f.) haben die Kinder erfahren, dass Essig und das weiße Pulver Backpulver (bzw. Natriumhydrogencarbonat) ein unsichtbares Gas, nämlich Kohlenstoffdioxid bilden, mit dem man eine Kerzenflamme ‚ausgießen' kann.
Carbonate kommen in der Natur sehr häufig vor: Viele Gesteine bestehen aus Carbonaten, so etwa die Dolomiten oder Marmorgestein. Auch der Kölner Dom ist aus Basaltgestein gebaut, das Carbonate enthält. Schließlich enthalten unsere Knochen und unsere Zähne jede Menge Carbonate und auch Eierschalen sind aus Carbonaten aufgebaut.
All diese carbonathaltigen Materialien reagieren mit Essig und allen anderen Säuren genauso wie Backpulver: Sie zersetzen sich und es entsteht Kohlenstoffdioxid. Was im Fall des selbst gebauten Feuerlöschers eine erwünschte Reaktion war, ist für unsere Zähne ungesund. Doch wie kann man die Reaktion zwischen Säuren und unseren Zähnen verhindern?

Was wichtig ist

Nicht nur Säuren wie Zitrone oder Essig greifen unsere Zähne an, sondern vor allem auch Süßigkeiten. Zucker wird von Bakterien in unserem Mund zu Milchsäure verarbeitet und eben diese Säure greift unsere Zähne genauso an wie Essig. Auch Stärke, also Brot und Nudeln, können in unserem Mund zu Milchsäure umgesetzt werden. Es ist also wichtig, die Zähne vor Säure zu schützen – durch Zähneputzen und durch Verwendung von Zahn-Gel!

Das folgende Experiment verdeutlicht anschaulich, wie wichtig es ist, seine Zähne zu putzen, damit aus Zucker erst gar keine Säure entstehen kann und seinen Zähnen zudem eine Schutzschicht zu verleihen.

Was man machen kann

Eingesetzte Materialien für je zwei Kinder

1 gekochtes Hühnerei
Zahngel, z. B. ‚elmex gelée'
1 Zahnbürste
1 Eierbecher
Haushaltsessig
1 großes durchsichtiges Glas, in das das Hühnerei hineingelegt werden kann

Durchführung

Auch dieser Versuch kann wieder gut in Partnerarbeit durchgeführt werden. Zunächst wird von den Kindern die Hälfte eines Hühnereis gründlich – also 3 Minuten(!) – mit dem Zahngel (oder einer sehr fluorhaltigen Zahnpasta) geputzt. Anschließend wird die Zahnpasta oder das Zahngel wieder abgespült. Nun wird das Glasgefäß mit Essig gefüllt und das Hühnerei vorsichtig in das Gefäß gelegt. Das Gefäß sollte nicht zu groß sein, damit nicht zu viel Essig verwendet werden muss. Anschließend wird noch so viel Essig zugegeben, dass das Ei gerade bedeckt ist. Nun wird beobachtet, was mit dem Ei (bzw. unseren Zähnen) in dem Säurebad geschieht.

Beobachtung

An den Stellen, an denen die Eierschale nicht mit dem Zahngel in Kontakt gekommen ist, bilden sich Gasbläschen. Die mit Gel oder Zahnpasta behandelten Eierschalenflächen bleiben unverändert. Sie werden also nicht vom Essig angegriffen.

Deutung

Essigsäure (normaler Essig besteht zu 5% aus Essigsäure) greift Carbonate an und setzt sie allmählich zu Kohlenstoffdioxid um. Mit fluorhaltiger Zahnpasta bzw. dem ebenfalls fluorhaltigen Zahngel wird dieser Prozess offensichtlich verhindert. Aus dem Fluor und unseren Zähnen bildet sich eine sehr stabile, feste Verbindung, Calciumfluorid, die sich wie eine Schutzschicht über unsere Zähne bzw. das ‚behandelte' Hühnerei legt. Nun kann die Säure nicht mehr an das Carbonat: Zähne und Hühnerei bleiben geschützt.

Säuren greifen auch Marmor an. Deshalb marmorhaltige Fußböden nie mit Essigwasser putzen.
Auch carbonathaltige Gebäude wie der Kölner Dom werden von Säuren angegriffen, weshalb der saure Regen so schädlich für sie ist.

8.15 ‚Parfum' selbst gemacht

Worum es geht

Chemie ist, wenn es stinkt und knallt! So lautet eine der Grunderfahrungen, die die meisten von uns in der Schule vermittelt bekommen haben: Die Knallgasreaktion oder der Geruch nach faulen Eiern, Schwefelwasserstoff, sind vielen von uns im Gedächtnis geblieben. Die vorigen Experimente zeigten, dass es in der Chemie auch geradezu lautlos zugehen kann und die Kinder gerade dadurch angstfrei und daher kontemplativ beobachten und wahrnehmen können.

Auch chemische Verbindungen können sehr gut riechen: Ganze Verbindungsklassen, so z.B. die Ester, zeichnen sich durch angenehme Gerüche aus, so dass sie daher auch industriell eingesetzt werden. Beim folgenden Experiment wird zwar ein Naturstoff extrahiert, so dass es sich streng genommen nicht ausschließlich um einen Versuch der unbelebten Natur handelt, aber das Extraktionsmittel und das Prinzip, das hinter der Extraktion steht, gehört durchaus ins Reich der Chemie und der Physik.

Was wichtig ist

Bei diesen beiden Experimenten stellen die Kinder etwas her – nämlich ein eigenes Parfum, das sie mit nach Hause nehmen sollten. Dadurch wird nicht nur die Erinnerung an das Experiment erhöht, sondern zugleich zu Hause auch über das Experiment berichtet (was aber in der Regel auch bei den anderen Experimenten geschieht). Es sollte aber nicht die Herstellung der Parfums allein im Vordergrund stehen, sondern zugleich auch der naturwissenschaftliche Hintergrund vermittelt werden.

Was man machen kann

Teil 1: Lavendelparfum

Eingesetzte Materialien

getrocknete Lavendelblüten (z. B. vom Wochenmarkt)
Glasschälchen
1 Teelöffel
falls vorhanden: 1 Küchenmörser
Leitungswasser
Tasse
Kaffeefilter
Filterpapier
1 Glas
1 verschraubbares Gläschen als Parfumbehälter für jedes Kind
oder falls vorhanden: Schnappdeckelgläser

Durchführung (in Zweier- oder Dreiergruppen)

Zunächst werden etwa drei Teelöffel Lavendelblüten in das Glasschälchen gegeben. Dabei gibt es schon viele Gelegenheiten für sinnliche Wahrnehmungen: Welchen Geruch entfalten die Lavendelblüten? Wie sind sie gefärbt? Welche Form haben sie?
Nun werden mit den Kanten des Teelöffels die Lavendelblüten zerkleinert; mit Mörser und Pistill gelingt dies deutlich einfacher und gründlicher. Schon bald durchzieht ein intensiver Lavendelduft den Raum. Nun werden ca. 30 ml Leitungswasser – also etwa ein Viertel einer Kaffeetasse – zugefügt und kräftig mit den zerkleinerten Lavendelblüten vermischt. Anschließend wird das Kaffeefilterpapier in den Kaffeefilter gesteckt und das Lavendelblütenwasser filtriert. Das klare Filtrat wird in einem Glas aufgefangen und schließlich in ein kleines verschließbares Glas gefüllt (oder eben gleich aufgetragen). Schnappdeckelgläser vom Laborbedarf sind dafür besonders geeignet: Sie sehen nicht nur schön aus, sondern verschließen auch besonders zuverlässig.

Beobachtung

Die filtrierte Flüssigkeit ist fliederfarben und riecht nach Lavendel.

Deutung

Warum riecht das Wasser so stark nach Lavendel? Wenn etwas riecht, also an die empfindlichen Sensoren unserer Nase geraten kann, dann ist es in der Regel gasförmig. Die Gaspartikel schweben durch die Luft und gelangen auf diesem Weg auch in unsere Nase. Auch Parfums bestehen aus leicht flüchtigen Substanzen, die aus der Flüssigkeit – meistens handelt es sich bei den üblichen Riechwässern um eine alkoholische Lösung – schon bei geringer Temperatur – verdunsten, d.h. gasförmig werden. Andere Stoffe riechen dagegen überhaupt nicht: so z.B. Salz, Zucker oder Steine. Der Grund: Die einzelnen Teilchen sind so fest miteinander verbunden, dass sie bei normalen Temperaturen nicht gasförmig werden können.

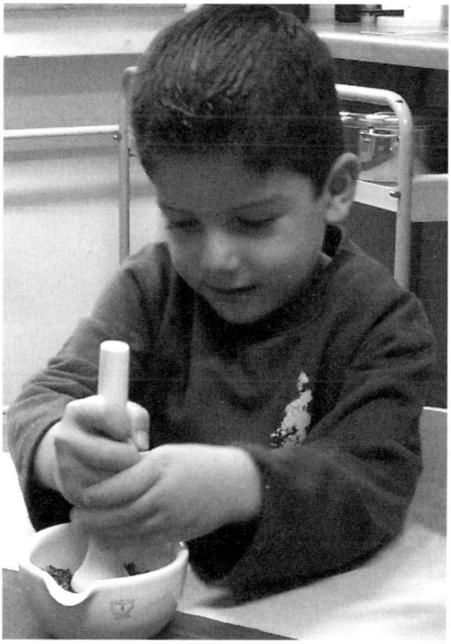

Pflanzen enthalten viele Substanzen, die leicht flüchtig sind, also gasförmig werden können und einen für uns zumeist angenehmen Geruch entwickeln, so auch die Lavendelblüte. Die Stoffe, die den Lavendelgeruch bewirken, sind aber nicht nur leichtflüchtig, sondern auch gut in Wasser löslich. Wieder liegt dieser Löslichkeit das Prinzip zugrunde ‚Gleiches löst sich in Gleichem'. Duftstoffe des Lavendels haben also einen ähnlichen Aufbau wie Wasser und können sich, wenn sie mit Wasser in Berührung kommen, in diesem lösen und so aus den übrigen Bestandteilen der Blüte herausgespült – man sagt auch *extrahiert* – werden. Auf der Haut verdunstet Lavendelwasser wegen der Körpertemperatur recht schnell – und die Lavendelteilchen können an unsere Nase gelangen und uns betören.

Eine alkoholische Lösung ist für Riechstoffe meistens ein noch günstigeres Extraktionsmittel: Wegen der Ähnlichkeit mit der Struktur von Alkohol können sich die meisten pflanzlichen Riechstoffe noch besser in Alkohol lösen. Alkohol verdunstet noch schneller als Wasser, und er hat zudem konservierende, d.h. antibakterielle Eigenschaften, so dass das Parfum über einen längeren Zeitraum seinen guten Duft erhält und nicht bakteriell zersetzt wird.
Wenn man daher ein etwas haltbareres Lavendelparfum herstellen möchte, sollte das Leitungswasser durch eine Flüssigkeitsmischung ersetzt werden, die sich folgendermaßen zusammensetzt: 30% Glycerin, 30% Alkohol (beides gibt es in der Apotheke) und 40% Leitungswasser oder destilliertes Wasser (z.B. 15ml Glycerin, 15ml Alkohol und 20ml Wasser). Bei der Beschreibung dieses Versuchs wurde auf die hier genannte etwas aufwändigere Variante verzichtet, weil Alkohol leicht entzündlich ist und in konzentrierter Form nicht in Kinderhände gehört. Wenn Sie sich also für diese Variante der haltbareren Parfumproduktion entscheiden, sollten Sie daher beim Experimentieren in der Nähe Ihres Kindes bleiben.

Teil 2: Zitronenöl

Ätherische Öle, das sind leicht flüchtige Öle, können gut mit Speiseöl extrahiert werden. Im folgenden Experiment wird aus dem in Zitronen enthaltenen Limonen (sprich Limonén) und Citral Zitronenöl hergestellt. Dieses letzte Experiment der Experimentierreihe dauert deutlich länger als die vorigen und soll einen Hinweis darauf geben, dass viele Experimente in den Naturwissenschaften durchaus sehr lange dauern.

Eingesetzte Materialien

frische, dicke Zitronenschalen mehrerer unbehandelter Zitronen (etwa 1 Zitrone für zwei Kinder)
Speiseöl
1 Messer
1 Esslöffel

falls vorhanden: 1 Küchenmörser
1 kleine Schale
1 verschraubbares Gläschen als Parfumbehälter für jedes Kind
oder falls vorhanden: Schnappdeckelgläser
1 abwaschbare Unterlagen (wegen des Öls)

Durchführung (in Zweier- oder Dreiergruppen)

Die unbehandelte Zitrone wird geschält und die Schale anschließend mit einem Messer zerkleinert. Je kleiner die Schalenstückchen, umso besser kann das Zitronenöl gewonnen werden. Anschließend werden die zerkleinerten Schalenstückchen in eine kleine Schale gegeben. Die Kinder werden nun aufgefordert, ca. 3 Esslöffel Speiseöl (auf keinen Fall mehr, sonst ist der Duft des Zitronenöls nicht konzentriert genug!) zuzufügen. Nun werden die Zitronenschalen mit dem Löffel zerquetscht. Einfacher gelingt dies mit einem Mörser.
Nun muss das Öl *einige Stunden* auf die Zitronenschalen einwirken. Das intensiv nach Zitronen riechende Öl kann dann in ein wiederverschließbares Gläschen abgefüllt werden. Hierfür sind die kleinen Schnappdeckelgläser besonders geeignet.

Beobachtung

Das Zitronenöl hat einen intensiven Geruch nach Zitrone angenommen. Es riecht allerdings ein wenig süßlicher als der saure Geschmack einer Zitrone vermuten lässt.

Deutung

Die äußere Fruchtschale der Zitrusfrüchte, also von Orangen, Mandarinen Grapefruit und eben auch von Zitronen, enthält in ihren kleinen Bläschen die ätherischen Zitrusöle. Daher können sie durch mechanische Verfahren, etwa das Ausquetschen mit einem Löffel oder durch Mörsern, gewonnen werden, indem die kleinen Blässchen geöffnet werden und das Öl heraustreten kann

Zitronenöl besteht aus vielen unterschiedlichen Komponenten, z. B. zu 90 Prozent aus Limonen, und zu ca. 3 bis 5 Prozent aus Citral, beide stark nach Zitronen riechend, wobei letzteres besonders für den charakteristischen Geruch verantwortlich ist. Aus einer Zitrone können nur rund 3 bis 5 g Zitronenöl gewonnen werden. Da die meisten Komponenten des Zitronenöls ähnlich aufgebaut sind wie Öl, können sie nach dem Prinzip ‚Gleiches löst sich in Gleichem' gut in Speiseöl gelöst oder besser: extrahiert werden.

In Zitrusölen sind auch noch sehr schwer flüchtige Substanzen enthalten, etwa Farbstoffe, Wachse und Curmarine. Diese sind lichtempfindlich und können auf der Haut zu Farbveränderungen oder Reizungen führen. Aus diesem Grund sollten Zitronenöle nicht direkt dem Licht ausgesetzt werden – in der Regel sind sie daher in braunen Fläschchen erhältlich – und vorsichtshalber sollte auch das in diesem Experiment hergestellte Zitronenöl nicht auf der Haut aufgetragen werden. Stattdessen kann allerdings völlig bedenkenlos an ihm geschnuppert werden.

9. Anregungen fürs Storytelling*

Eine Geschichte für den Stuhlkreis zum Thema Wasser und Eis

Das Geheimnis vom See

Nanu ist heute schon ganz früh aufgestanden, denn sie ist mit Wusch verabredet, um zum See zu gehen. Beide machen schon seit langem gemeinsame Wanderungen in der Umgebung und entdecken dabei die Natur.

Heute ist es besonders kalt draußen; deshalb hat sich Nanu warm angezogen und auch die Schlittschuhe eingepackt. Vielleicht trägt das Eis auf dem See ja schon! In ihren Rucksack stopft sie noch zwei dicke rote Äpfel, ein Taschenmesser und natürlich auch ein paar Süßigkeiten.

Nanu erkennt Wusch schon von weitem durchs Fenster und sie läuft ihm entgegen, damit es endlich losgehen kann.

Zunächst gehen sie über den leeren Marktplatz. Da ist heute Morgen noch nichts los. „Bestimmt sind die Marktleute zu Hause geblieben, weil es so kalt ist."

„Ich erzähl dir was", sagt Wusch, „dann ist der Weg zum See nicht so lang". „Und was willst du mir erzählen?", fragt Nanu. „Eine Geschichte von einem Regentropfen, der anders sein wollte, als die anderen Regentropfen". „Was für ein Regentropfen ist das?", fragt Nanu weiter. Wusch denkt nach. „Ein Regentropfen hoch oben in einer Wolke. Wo sich der Regentropfen in seiner Wolke auch umsah, überall sah er ein Einerlei aus gleichen, blassen, wässrigen Tropfen. Unser Regentropfen dagegen träumte davon, einmal schneeweiß zu sein und so schön, dass ihm alle anderen Tropfen bewundernd nachschauen würden …

Da wurde es auf einmal sehr kalt oben in der Wolke, und windig wurde es auch. Nach einer Weile war es so stürmisch, dass sich unser Regentropfen nicht mehr an der Wolke festhalten konnte. Er hatte plötzlich Angst, so ganz alleine den weiten Weg bis zur Erde zurückzulegen. Doch als er sich umsah, bemerkte er beruhigt, dass er von Tausenden weißer, wunderschönen Schneeflocken umgeben war, die vor kurzem noch ganz einfache Regentropfen gewesen waren. Und da schaute er an sich herab und sah, dass auch er wie die anderen Schneeflocken

* Diese Anregungen wurden dem Sonderheft „Warum schwimmt Eis auf dem Wasser" der Reihe Bausteine Kindergarten / Grundschule angelehnt (Bergmoser & Höller-Verlag).

aussah. ‚Dann können wir Wassertropfen ganz unterschiedlich aussehen', dachte unser Tropfen, ‚wir können Schneeflocke oder Regentropfen sein und vielleicht noch ein ganz anderes Aussehen haben'." „Meinst du", fragte Nanu, „Hagel und Nieselregen sind immer dasselbe, nämlich Wasser? Darüber muss ich aber noch einmal nachdenken."

„Guck mal", ruft Wusch, „wir sind schon am See!" Wusch hat Recht, denkt Nanu, der Weg ist kürzer, wenn einer erzählt. Und wärmer wird einem irgendwie auch. Hinten zwischen den Bäumen liegt der kleine See. Er scheint tatsächlich zugefroren zu sein, denn er glitzert nicht wie im Sommer, wenn die Sonne auf das Wasser scheint und die Wellen sich bewegen. Das Sonnenlicht funkelt geradezu auf der Eisfläche. In der Mitte liegt ein bisschen Schnee auf dem Eis. Sie gehen vorsichtig die Böschung hinunter. Dort erkennen sie, dass noch nicht der ganze See zugefroren und die Eisdecke noch ganz dünn ist. „Viel zu gefährlich, jetzt schon Schlittschuh zu fahren", meint Nanu. „Ob die Eisdecke in den nächsten Tagen noch dicker wird?" „Wenn es weiterhin so eisig kalt bleibt, bestimmt!" Wusch nickt. Nanu wird nachdenklich, aber wenn die Eisdecke dann dicker wird, geht sie dann nicht unter, weil sie schwerer wird?

Sie hat einen kleinen Stein gefunden und wirft ihn mit aller Kraft auf das dünne Eis. Es kracht und der Stein sinkt durch die Eisfläche nach unten. „Komisch" denkt Nanu. „Das Eis versinkt nicht im Wasser wie der Stein." „Der war eben schwerer", meint Wusch. „Dann brauch ich kleinere Steine, leichtere", überlegt

Nanu. „Hilfst du mir suchen?" Nanu und Wusch bekommen kalte Hände vom Steine-Sammeln. Abwechselnd werfen sie sie in den See. Alle, aber auch alle Steinchen gehen unter. Sogar die allerkleinsten Kiesel!
„Das Eis schwimmt immer noch oben", wundert sich Nanu. „Verstehst du das?"
„Mhm", seufzt Wusch, „lass uns zu meiner Oma gehen und ein wenig aufwärmen! Außerdem weiß Oma bestimmt eine Antwort auf unsere Fragen!" „Unterwegs können wir dann schon mal unsere beiden Äpfel essen", stimmt Nanu zu.

„Du hast deine Freundin mitgebracht!" Wuschs Oma freut sich. „Wir waren am zugefrorenen Teich", erzählt Wusch. „Wir haben Hunger." „Meine Nudelsuppe reicht für uns drei." Wuschs Oma deckt den Tisch. Die Suppe schmeckt und macht sofort satt. Nanu entdeckt im Sessel am Fenster ein dickes Buch, aufgeschlagen und mit bunten Bildern. „Es erzählt vom Winter." Wuschs Oma holt das Buch. „Ich geh bei der Kälte nicht gern vor die Tür. Oft ist es glatt auf den Wegen. Ich guck mir den Winter lieber vom Fenster aus an. Oder lese Geschichten über ihn." „Steht da auch was über zugefrorene Teiche?", fragt Nanu aufgeregt. „Kann sein." Wuschs Oma blättert. „Warum Steine runterplumpsen und Eisstücke oben auf dem Wasser bleiben?" Wuschs Oma runzelt die Stirn. „Darüber steht wohl nichts in dem Buch über Wintergeschichten. Aber vielleicht weiß ich es ja auch so." Sie denkt nach. Plötzlich hat sie eine Idee, geht zum Kühlschrank und holt Eiswürfel aus dem Gefrierfach. Einen davon gibt sie in ein Glas und geht damit zum Wasserhahn. Fast randvoll füllt sie das Glas mit Leitungswasser. Der Eiswürfel steigt nach oben. „Er schwimmt wie das Eis auf dem Teich", sagt Nanu.
Die Oma füllt ein Plastikschälchen mit Wasser und stellt es nach draußen auf die Fensterbank. „Da lassen wir unseren Miniteich jetzt zufrieren." Und nachdenklich fügt sie hinzu: „Ich glaube, ich weiß wieder, wie das ist mit dem Wasser und dem Eis. Das Wasser besteht aus ganz vielen kleinen Wasserteilchen." „Wo?" Nanu beugt sich über das Glas. „Ich kann keine sehen." Die kann man auch gar nicht sehen, die sind viel zu klein", erklärt die Oma. „Und wenn es so kalt ist wie jetzt, gehen die kleinen Wasserteilchen weiter auseinander. Dann braucht das Eis mehr Platz als vorher das Wasser. Aber jedes einzelne Wasserteilchen wiegt immer noch genauso viel wie vorher. Und wenn sich die kleinen Wasserteilchen ausbreiten, halten sie sich aneinander fest, so dass ein richtiges Gitter entsteht, genauso wie die Gitter von Käfigen im Zoo, die auch fest miteinander verbunden sind – nur bestehen die nicht aus Wasserteilchen."

„Versteh' ich nicht", sagt Wusch. „Wenn man ein Stück Eis ausschneidet, das genau so viel Platz wegnimmt wie vorher das Wasser", erklärt die Oma „hat es weniger Teilchen. Deshalb ist es leichter. Und alles, was leichter ist als Wasser, das schwimmt oben." „Und ein Stein, der schwerer ist, der geht unter", sagt Wusch nachdenklich und denkt an die Steinchen, die Nanu und er am Morgen in den See geworfen haben.

„Oh!" Nanu nimmt das Glas in die Hand. „Der Eiswürfel ist weg." „Nein, Nanu, der ist nicht weg, sondern zu Wasser geschmolzen, weil es hier so warm ist." „Sind dann die Wasserteilchen wieder zusammengerückt?" „Richtig", freut sich die Oma, „beim Schmelzen des Eises sind die Wasserteilchen wieder enger aneinandergerückt".

Sie öffnet das Fenster und holt das Plastikschälchen herein. Oben ist eine dünne Eisschicht zu sehen. „Die wird im Laufe des Tages bestimmt noch dicker – so wie die Eisdecke vom See."

„Was machen eigentlich die Fische, wenn der Teich zufriert?", fällt Wusch nachdenklich ein, „muss man sie nicht noch schnell herausholen?" „Er friert nicht bis unten zu. Unterm Eis ist es für die Fische noch warm genug", sagt Wuschs Oma. „Da geht es den Fischen gut." Wusch ist beruhigt.

Auf dem Rückweg gehen Nanu und Wusch am Teich vorbei. Das Eis sieht schon viel dicker aus – und es schwimmt immer noch oben auf dem See!

Eine Geschichte für den Stuhlkreis zum Thema Teilbarkeit und kleinste Einheiten

Das kleinste Schokoladenplätzchen der Welt

Nanu hat es heute beim Mittagessen besonders eilig. Sie ist mit Wusch verabredet, um mit ihm am See zu schwimmen. Anschließend wollen sie noch zu seiner Oma, um Kuchen zu backen, – für Wuschs Geburtstagsfeier morgen. Nanu hat den letzten Bissen noch nicht ganz unten, da ist sie schon vom Tisch aufgesprungen. Nach zwei Tagen Dauerregen scheint endlich mal wieder die Sonne. Nanu rennt in ihr Zimmer, stopft ihr Badehandtuch in den Rucksack, saust zum Besenschrank und holt das gelbe Plastikeimerchen, noch voller Sand vom letzten Spielen am See. Und schon ist Nanu aus dem Haus gelaufen.

Draußen ist es jetzt viel wärmer als im Haus. Nanu geht auf die andere Straßenseite. Im Schatten der Häuser ist es angenehm kühl. Der Weg zum See ist weit. Nanu vertreibt sich die Zeit mit ein paar Gedanken. Sie freut sich schon auf die Geburtstagsfeier morgen bei Wuschs Oma. Zu Wuschs sechstem Geburtstag hat sich Nanu etwas ganz Besonderes ausgedacht. „Der wird Augen machen", denkt Nanu verschmitzt. In einem Schuhkarton hat sie einige Dinge zusammengetragen. Damit kann Wusch all die Experimente wiederholen, die Wuschs Oma ihnen im letzten Winter gezeigt hat: Aus einer Teelichtschälchen und Watte hat Nanu ein wasserdichtes Boot gebaut, in dem zwei Gummibärchen unter einer Glasglocke tauchen können, ohne nass zu werden. Salz und Zucker hat Nanu in kleine Dosen abgefüllt. Vom Taschengeld hat sie für ihren Freund Teelichter und zwei Gläser gekauft. Dann hat sie den Schuhkarton bunt bemalt. Vielleicht wird aus Wusch ja mal ein richtiger Forscher. So begeistert, wie der bei der Sache war, als die Oma erklärte, weshalb Eis leichter ist als Wasser oder zeigte, wie man in Wasser gelöstes Salz wiedergewinnen kann.

Endlich sieht sie von weitem den See zwischen den Bäumen glitzern. Von weitem erkennt sie Wusch beim Fußballspielen.

Nanu nimmt ihr Handtuch aus dem Rucksack und sucht sich ein sonniges Plätzchen im Gras, ganz dicht am Ufer des Sees. „Dann läuft wenigstens keiner vor meiner Nase am Ufer entlang, und ich hab die Fußballspieler hinter mir und muss nicht immer dort hinsehen." Nanu breitet sorgfältig das Handtuch aus und setzt sich vorsichtig darauf, so, dass keine Grasflecken an ihre Hose kommen können.

Mit hochgezogenen Beinen guckt sie trotzig auf den See. Ein bisschen wütend ist sie schon über Wusch. Sie mag es einfach nicht, wenn jemand sie warten lässt, auch nicht, wenn dies der beste Freund ist.

Nanu guckt auf die glitzernde Oberfläche des Wassers. Irgendwie beruhigend, auf das Wasser zu gucken. Direkt vor ihren Füßen plätschern die Wellen an das Ufer des Sees. Nanu schaut sich das Wasser ganz genau an. Trotz der kleinen Wellenbewegungen glitzert die Wasseroberfläche im Sonnenlicht. Die Boote vom Bootsverleih spiegeln sich im Wasser. Wenn das Wasser des Sees ganz ruhig wäre, könnte man sich darin bestimmt sehen, wie in einem Spiegel. Ob das auch bei der Wasseroberfläche in einer Badewanne gelingt? Beim nächsten Baden will Nanu unbedingt darauf achten. Und ob man sich auch in Regentropfen spiegeln könnte, wenn die nur nicht so schnell auf die Erde fallen würden? Nanu ist ganz in Gedanken versunken. Dem Wasser im See sieht man überhaupt nicht an, dass in ihn Regentropfen gefallen sind. Nirgends sieht Nanu Wassertropfen im See, alles Wasser sieht so aus, als wäre es ‚aus einem Stück'. Seltsam! Und dabei hat es in den letzten Tagen doch so heftig geregnet! Am letzten Wochenende hat ihre Mutter zwei riesige Flicken auf die rote Jeanshose genäht, genau dort, wo sie den Stoff mit den Knien schon fast durchgescheuert hat. Diese beiden Flicken sieht man sehr genau, sie sind nicht wie die Wassertropfen im Wasser zu einem Ganzen geworden.

Plötzlich fühlt Nanu zwei Hände ganz dicht vor ihren Augen. Alles wird schwarz. „Puh, das war ein anstrengendes Spiel. Um ein Haar hätten wir gewonnen, aber Dennis kann einfach keinen Ball halten." Wusch lässt sich mit einem Plumps ins Gras fallen und erzählt vom Fußballspiel. „Du bist so still, Nanu? Worüber denkst du nach? Du hast noch keinen Ton zu mir gesagt." „Ging ja auch gar nicht. Erst warst du nicht da, und jetzt, wo du plötzlich aufgetaucht bist, redest du ununterbrochen. Außerdem habe ich gerade das Wasser beobachtet." Wusch räkelt sich auf dem Gras und schließt die Augen. Alle Viere von sich gestreckt genießt er die warmen Sonnenstrahlen. Nanu beobachtet ihn von der Seite. Irgendwie kann sie ihrem Freund nie so richtig böse sein. Bei allem ist er immer so begeistert bei der Sache und immer fröhlich. Trotzdem will Nanu ihn ein wenig necken, – wegen des langen Wartens, über das er noch nicht ein Wort verloren hat.

Vorsichtig steht Nanu auf und nimmt den Plastikeimer. Kniend beugt sie sich zum Wasser herunter und füllt ihr Eimerchen zur Hälfte. „Komisch", denkt Nanu

wieder, „nirgends ist am See zu erkennen, dass ich etwas Wasser herausgenommen habe."
Wusch liegt immer noch entspannt in der Sonne. Langsam lässt Nanu ihre Hand in das kühle Wasser im Eimer gleiten und mit einem Ruck nimmt sie ihre Hand wieder heraus und schüttelt sie, so dass die Tropfen nur so spritzen. Wusch ist sofort auf den Beinen, aber Nanu ist schon außer Reichweite. Mit weit ausholenden Handbewegungen lässt sie weitere Wassertropfen durch die Luft fliegen. Wieder schießt ihr ein Gedanke durch den Kopf: „Sind alle Tropfen gleich groß? Gibt es noch kleinere Wassertropfen als die, die jetzt durch die Luft auf Wusch zufliegen?" Sie bleibt ganz ruhig stehen und überlegt. „Nieselregen, ja beim Nieselregen sind die Tropfen doch irgendwie noch kleiner." Aber es ist schon so lange her, seit dem letzten Nieselregen im Winter. „Wusch, – Frieden! Ich muss dir unbedingt etwas erzählen." „Eine Geschichte?", fragt Wusch begeistert. „Nein, aber etwas, über das ich gerade nachgedacht habe." Wusch setzt sich neben Nanu auf das Badelaken. Und dann erzählt ihm Nanu ihre Gedanken von eben … – dass die Oberfläche von Wasser in der Sonne glitzert und man sich darin spiegeln kann, dass einzelne Flicken auf der Jeanshose sichtbar sind, einzelne Regentropfen im See aber nicht mehr zu erkennen sind, und schließlich, ob Wassertropfen weiter teilbar sind. Wusch hört gespannt zu. „Mit dir wird es mir nie langweilig! Immer hast du Fragen, auf die ich alleine nie käme." „Vielleicht können wir einen Wassertropfen auffangen und dann mit einem Taschenmesser zerteilen", überlegt Nanu weiter. „Hab aber kein Taschenmesser dabei und außerdem, womit sollen wir den Tropfen auffangen", fragt Wusch. „Du hast Recht, vielleicht ist das auch so ein Versuch, den wir zu Hause machen könnten", meint Nanu. „Ich glaube, es ist auch Zeit, dass wir zu deiner Oma gehen", drängt Nanu. „Bei dem schönen Wetter backen", stöhnt Wusch. Langsam stehen beide auf und suchen ihre Sachen zusammen. Dann machen sie sich auf den Weg zur Oma.

Schon von weitem sehen sie Wuschs Oma auf ihrer Bank im Garten sitzen. „Ich hab schon auf euch gewartet“, begrüßt sie die beiden. „Den Kuchenteig habe ich schon vorbereitet. Dann brauchen wir bei dem schönen Wetter nicht so lange in der Küche stehen.“ Nanu und Wusch gehen mit der Oma ins Haus. In der Küche, mitten auf dem Küchentisch, steht die große Schüssel mit dem Kuchenteig. Königskuchen mit Rosinen soll es werden. Die Großmutter drückt Nanu die runde Kuchenform in die Hand. „Wenn du dir die Hände gewaschen hast, kannst du die Form mit etwas Butter von innen einfetten und den Teig in die Form geben.“ Nanu macht es genauso wie die Oma gesagt hat und am Ende bleibt noch etwas Teig in der Schüssel übrig. Wieder kommt Nanu ein Gedanke: Der Teig ist nur weniger geworden als vorhin, aber nirgends kann man sehen, wo der Teig herausgenommen wurde. „Den löffeln wir jetzt einfach so aus“, schlägt Wusch vor. Wuschs Oma hat einen anderen Vorschlag: „Wenn wir den Kuchen in den Backofen geschoben haben, bereiten wir aus dem Teig noch Plätzchen vor. Wir müssen den Teig nur teilen und auf ein Blech verteilen.“ „Wie viele Plätzchen werden das denn wohl noch werden“, fragt Wusch. „Ob jeder von uns acht Kindern morgen auch noch ein Plätzchen bekommen kann?“ „Wenn wir den Teig klein genug teilen, vielleicht auch zwei Plätzchen für jeden von euch.“ Wuschs Oma lacht. „Aber die sind dann natürlich kleiner.“ Nanu und Wusch schauen sich an. Das war doch eben ihre Frage bei den Regentropfen. Wie klein kann man teilen. „Oma“, fragt Wusch nun ganz aufgeregt. „Dann kannst du auch für jedes Kind fünf Plätzchen

backen, halt nur viel, viel kleinere?" „Und wann geht es nicht mehr weiter, mit dem Teilen? Irgendwann muss der Teig doch einmal nicht mehr weiter teilbar sein?" „Was habt ihr immer für spannende Fragen", sagt Wuschs Oma nachdenklich. „Natürlich kann ich den Teig in ganz, ganz viele immer kleinere Teile teilen. Irgendwann aber lässt sich daraus dann kein Plätzchen mehr backen, weil die Teigkrümel so klein sind, dass man sie kaum noch sehen kann." „Und es ist dann trotzdem immer noch Teig, so wie der jetzt in der Schüssel?", fragt Nanu ungläubig, „auch, wenn ihn niemand mehr sehen kann?" „Ja, aber irgendwann geht es wirklich nicht mehr weiter mit dem Teilen. Selbst mit den feinsten Messern ist er irgendwann nicht mehr teilbar. „Und mit diesem allerkleinsten Teigteilchen backen wir dann das kleinste Plätzchen der Welt." „Aber dann ein Schokoladenplätzchen, die mag ich am liebsten", meint Wusch. Alle lachen. „Ich glaube, das beste ist, wir machen genau acht Plätzchen aus dem restlichen Teig", meint Wuschs Oma, „ dann kann jeder von euch auch noch sein Plätzchen sehen."
Am Abend gehen Nanu und Wusch wieder nach Hause. Beide sind etwas müde von dem langen Tag, und sie gehen schweigend nebeneinander her. „Morgen früh", denkt Nanu „versuche ich mit einem kleinen Messer Wassertropfen zu teilen. Oder ich halbiere ein Blatt Papier mit der Schere so oft, bis es nicht mehr weitergeht und ich den kleinsten Papierschnipsel habe. Und das erzähle ich Wusch dann auf seiner Geburtstagsfeier."

Kopiervorlage zum Thema Teilbarkeit und kleinste Einheiten

Die Kinder sollen ein DinA4-Blatt, entsprechend der Kopiervorlage, jeweils in der Mitte zerschneiden und dann die eine Hälfte wiederum in der Mitte zerschneiden etc. Wie lange kann das Blatt halbiert werden? Ist das dann die kleinstmögliche Blatteinheit oder kann theoretisch noch weiter geteilt werden, etwa wenn eine feinere Schere vorhanden wäre oder es gelingen könnte, die kleinen Blattschnipselchen mit einer Pinzette festzuhalten? Wie groß ist wohl die kleinste Blatteinheit?

Buchempfehlungen

van Saan, Anita: *365 Experimente für jeden Tag*. Gebundene Ausgabe – 256 Seiten – moses Verlag. 2002
Experimente, die jeweils unter der Rubrik „Warum denn das?“ leicht verständlich erklärt werden. Wer mehr über das Phänomen wissen möchte, wird in einem – durch einen Kasten abgesetzten – Text tiefer in die Materie eingeführt.
Das Preis-Leistungs-Verhältnis stimmt!

Das große Buch der Experimente. Über 200 Versuche, die klüger machen
Gebundene Ausgabe – 264 Seiten – Gondrom-Verlag, Bindlach, 2004
Aufwändig aufgemachtes und dennoch preiswertes Buch mit naturwissenschaftlichen Experimenten, die sich allerdings nicht nur an kleine Kinder wenden, sondern auch noch den Grundschulbereich abdecken.

Weitere empfehlenswerte Bücher:
Zimmer, Renate: *Handbuch der Sinneswahrnehmung*. Gebundene Ausgabe – Herder, Freiburg. 2004

Näger, Sylvia: *Die Welt der tausend Sachen erforschen*. Broschiert – Herder, Freiburg 2004

Krekeler, Hermann: *Spannende Experimente*
Gebundene Ausgabe – Ravensburger Buchverlag,
Ravensburg 2000

Krekeler, Hermann: *Experimente für alle Sinne*. Gebundene Ausgabe – Ravensburger Buchverlag, Ravensburg 2004

Literatur

Ausubel, David P. (1968): Educational psychology: a cognitive view. Holt, Rinehart and Winston: New York.

Arbeitsstab Forum Bildung in der Geschäftsstelle der Bund-Länder-Kommission für Bildungsplanung und Forschungsförderung (Hrsg.) (2001): Empfehlungen des Forum Bildung. Selbstverlag. Bonn.

Collins, Andrew (Hrsg.) (1984): Development during middle childhood. The years from six to twelve. National Academic Press: Washington D. C.

Donaldson, Margaret (1982): Wie Kinder denken. Intelligenz und Schulversagen. Huber: Bern.

Eliot, Lise (2002): Was geht da drinnen vor? Die Gehirnentwicklung in den ersten fünf Lebensjahren. Berlin-Verlag, Berlin.

Elschenbroich, Donata (2005): Weltwunder. Kinder als Naturforscher. Kunstmann: München.

Erikson, H. Erik (1994): Wachstum und Krisen der gesunden Persönlichkeit. In: Identität und Lebenszyklus. Suhrkamp: Franfurt am Main. (Titel der Originalausgabe: Identity and the Life Cycle; erstmals 1959 auf Englisch erschienen)

Frey-Vor, Gerlinde; Schumacher, Gerlinde: Kinder und Medien 2003. In: Media Perspektiven 9/2004, S. 426ff.

Gebhard, U. (2003): Kind und Natur. Die Bedeutung der Natur für die psychische Entwicklung. Westdeutscher Verlag, Wiesbaden.

Gräber, Wolfgang; Stork, Heinrich: Die Entwicklungspsychologie Jean Piagets als Mahnerin und Helferin des Lehrens im naturwissenschaftlichen Unterricht. Teil 2. In: MNU. 37. Jg., Nr. 5, 1984, S. 257–269.

Kubli, Fritz (2002): Plädoyer für Erzählungen im Physikunterricht. Aulis Verlag Deubner, Köln.

Kubli, Fritz (2005): Mit Geschichten und Erzählungen motivieren – Beispiele für den mathematisch-naturwissenschaftlichen Unterricht. Aulis Verlag Deubner, Köln.

Lingenauber, Sabine (Hrsg.) (2004): Handlexikon der Reggiopädagogik. Projektverlag, Bochum.

Lück, Gisela (2000): Leichte Experimente für Eltern und Kinder. Herder-Spektrum, Freiburg.

Lück, Gisela (2003): Handbuch der naturwissenschaftlichen Bildung. Theorie und Praxis für die Arbeit in Kindertageseinrichtungen. Herder, Freiburg.

Lück, Gisela (2004): Von einsamen Elektonenpaaren – Oder: Warum es auch in der Chemie ‚menschelt', In: Wenn der Geist die Materie küsst. Verlag Harri Deutsch, Frankfurt, S. 163–175.

Mähler, Claudia (1995): Weiß die Sonne, dass sie scheint? Eine experimentelle Studie zur Deutung des animistischen Denkens bei Kindern. Waxmann, Münster.

Montessori, Maria (2004): Kosmische Erziehung. Herder, Freiburg

Novak, Joseph, D.: Concept Mapping: A useful tool for Science Education. In: Journal of research in science teaching. 27. Jg., Nr. 10, 1990, S. 937–949.

Reinhardt, Ingo (2003): Storytelling in der Pädagogik. Eine Einführung in die Arbeit mit Geschichten. Ibidem-Verlag. Stuttgart.

Singer, Wolfgang (2003): Was kann ein Mensch wann lernen? Ein Beitrag aus Sicht der Hirnforschung. In: W. E. Fthenakis (Hrsg.): Elementarpädagogik nach PISA. Herder, Freiburg, S. 67 – 75.

Spitzer, Manfred (2000): Geist im Netz. Modelle für Lernen, Denken und Handeln. Spektrum Akademischer Verlag, Heidelberg und Berlin.

Spitzer, Manfred (2002): Lernen: Gehirnforschung und Schule des Lebens. Spektrum Akademischer Verlag, Heidelberg und Berlin.

Zimmer, Renate (1995): Handbuch der Sinneswahrnehmung. Grundlagen einer ganzheitlichen Erziehung. Herder, Freiburg.

Verwendete Fachbegriffe

Aggregatzustände

Unterschiedliche Zustandsformen, in denen ein Stoff auftreten kann: als Feststoff (z.B. Wasser als Eis), als Flüssigkeit (z.B. Wasser) oder als Gas (z.B. Wasserdampf).

Analogie

Vergleich, sinngemäße Übertragung

Analyse/Analysemethoden

Bei einer Analyse werden die Eigenschaften von Stoffen und ihren Einzelbestandteilen mit Hilfe spezieller Methoden untersucht.

Animismus

Wenn Eigenschaften und Verhaltensweisen, die eigentlich Lebewesen zugeschrieben werden, auf Phänomene der unbelebten Natur übertragen werden, so bezeichnet man dieses als Animismus.
Beispiel: Wasser und Öl *mögen* sich nicht.

Bildung

Der moderne dynamische und ganzheitliche Bildungsbegriff steht für den lebensbegleitenden Entwicklungsprozess des Menschen, bei dem er seine geistigen, kulturellen und lebenspraktischen Fähigkeiten so wie seine personalen und sozialen Kompetenzen erweitert.

Bildungsvereinbarung

Um eine beständige Bildungsentwicklung von Kindern und einen gelingenden Übergang vom Kindergarten in die Grundschule zu sichern, wurden Bildungsvereinbarungen getroffen.
Bildungsvereinbarungen liegen seit Sommer 2005 für jedes deutsche Bundesland vor.
In diesen Bildungsvereinbarungen werden Rahmeninhalte für die Wahrnehmung und Stärkung des Bildungsauftrages im Elementarbereich vorgeschlagen.

Chromatographie
(griechisch: chroma = Farbe; graphein = schreiben)
Unter Chromatographie versteht man im Allgemeinen eine spezielle Trenn- und Analysemethode, für die sehr geringe Ausgangsmengen genügen.
Beispiel: Papierchromatographie
Hierbei trennen sich Filzstiftfarben in ihre unterschiedlichen Stoffe, aus denen sie hergestellt worden sind. Wasser stellt dabei das Lösungsmittel dar.

Dichte
Masse eines Stoffes pro Volumeneinheit

Dichteanomalie
Die Dichte von Stoffen nimmt im Allgemeinen mit abnehmender Temperatur zu bzw. mit zunehmender Temperatur ab. Eine Ausnahme stellt Wasser dar: Die größte Dichte erreicht Wasser unter Normaldruck bei 4°C. Wird es wärmer oder kälter, so dehnt es sich wieder aus. Diese Abweichung vom Normverhalten bezeichnet man als Dichteanomalie.
Sie hat für das Leben auf der Erde große Auswirkungen: Seen frieren an der Oberfläche zu, so dass Fische überleben, Meeresströmungen werden durch Eisberge nicht gehindert etc.

Entropie
Die Entropie stellt ein Maß für „Unordnung" dar. Die Stoffe sind bestrebt, ein hohes Maß an Unordnung zu erreichen, weshalb z.B. Flüssigkeiten verdampfen, weil die Gasteilchen dann ungeregelt angeordnet sind.

Experiment
(lateinisch: experimentum = Versuch, Beweis, Prüfung, Probe)
Ein methodisch aufgebauter Versuch, der zur Klärung von Vorgängen oder zur Bestätigung von Theorien verwendet werden kann.
Didaktisch wird das Experiment häufig vom Versuch abgegrenzt, der dazu dient, durch Beobachtung eine Erkenntnis zu fördern.
Umgangssprachlich werden allerdings beide Begriffe meist synonym verwendet.

gesättigte Lösung
Eine Lösung ist gesättigt, wenn sich so viel Substanz im (warmen) Lösungsmittel gelöst hat, wie eben möglich ist. Jede weitere Zugabe des zu lösenden Stoffes würde als Bodensatz bestehen bleiben und sich nicht mehr im Lösungsmittel auflösen.

Indikator
(lateinisch: indicare = anzeigen)
Indikatoren sind Substanzen, mit deren Hilfe der Verlauf einer chemischen Reaktion verfolgt werden kann.

kondensieren
Als Kondensieren bezeichnet man den Übergang eines Stoffes vom gasförmigen in den flüssigen Aggregatzustand.
Beispiel: Kondenswasser an einer kalten Fensterscheibe

Konsistenz
Konsistenz bezeichnet die Beschaffenheit von Stoffen. In Bezug auf die Verformbarkeit von Stoffen spricht man z.B. von fester, zäher und plastischer (formbarer) Konsistenz.

kristallisieren
Kristallisieren bezeichnet den Vorgang der Bildung von Kristallen.

Lösung
Eine Lösung ist in der Chemie ein Gemisch, das aus einem oder mehreren gelösten Stoffen und aus einem Stoff besteht, in dem diese gelöst sind (Lösungsmittel).

Löslichkeit
Die Menge eines Stoffes, die sich in einer bestimmten Menge eines bestimmten Lösungsmittels gerade noch lösen lässt.

mischen/vermischen
Mischen bezeichnet einen Vorgang, bei dem sich eine Substanz gleichmäßig in einer anderen verteilt.

Oberflächenspannung
Die Oberflächenspannung ist ein Effekt, der dazu führt, dass die Oberfläche einer Flüssigkeit in Abgrenzung zu einem anderen Stoff (z.B. Luft, Öl) eine Art Haut bildet, auf der kleine Objekte liegen bleiben können. Diese Haut strebt einen möglichst glatten Zustand mit minimaler Ausdehnung an.

Phänomen/Naturphänomen
Eine mit den Sinnen wahrnehmbare Erscheinung, die den Betrachter fasziniert, über die sich der Betrachter wundern kann.

Reaktion/reagieren
In der Chemie versteht man unter einer Reaktion einen chemischen Vorgang, der eine stoffliche Umwandlung zur Folge hat.
Beispiel: Kerzenwachs verbrennt zu Kohlendioxid (CO_2) und Wasser(-dampf).

Schaum
Schaum ist ein Gemisch von gasgefüllten Bläschen, die in einer Flüssigkeit verteilt sind.

Schmelzen
Als Schmelzen bezeichnet man den Übergang eines Stoffes vom festen in den flüssigen Aggregatzustand.

Sputnikschock
Der Sputnikschock resultierte daraus, dass es als erste den Russen (1957) gelang, einen Flugkörper in eine Umlaufbahn um die Erde zu schießen. Diese Tatsache löste in der westlichen Welt eine Diskussion darüber aus, ob das bestehende Bildungssystem in den naturwissenschaftlichen Fächern ausreiche, um bei den Entwicklungen der kommenden Jahre mit in der ersten Reihe stehen zu können.

Stoffe/Stoffeigenschaften
Aus chemischer Sicht zählt zu Stoffen alles, was einen Raum einnimmt und eine Masse hat.
Beispiel: Luft, Wasser, Wachs, Kohlendioxid, Kohlenstoff etc.

Storytelling
Storytelling ist eine Vermittlungsmethode, bei der Wissen aufgebaut wird, indem Lerninhalte in Form von Geschichten vermittelt werden.

trennen/Trennverfahren
Eine Mischung mit Hilfe unterschiedlicher Verfahren (z.B. Filtration, Chromatographie, Extraktion etc.) in ihre Bestandteile aufteilen.

trüben
Eine Lösung wird beispielsweise trüb, undurchsichtig, wenn sich ein Feststoff sehr fein darin verteilt, ohne sich zu lösen.

Verbindung
Unter Verbindung versteht man in der Chemie einen Stoff, der aus zwei oder mehreren (verschiedenen) chemischen Elementen zusammengesetzt ist und andere chemische und physikalische Eigenschaften aufweist als die ihn bildenden Elemente.

Verbrennen (Oxidation)
Im engeren Sinn versteht man in der Chemie darunter einen Vorgang, bei dem chemische Elemente und Verbindungen mit Sauerstoff unter Flammenbildung und Wärmeentwicklung miteinander reagieren.

verdunsten
Als Verdunsten bezeichnet man den Übergang eines Stoffes vom flüssigen in den gasförmigen Aggregatzustand bei Temperaturen, die unterhalb des Siedepunktes liegen.